Adolf Schullerus

Zur Kritik des altnordischen Valhollglaubens

Adolf Schullerus

Zur Kritik des altnordischen Valhollglaubens

ISBN/EAN: 9783743488229

Hergestellt in Europa, USA, Kanada, Australien, Japan

Cover: Foto ©ninafisch / pixelio.de

Manufactured and distributed by brebook publishing software (www.brebook.com)

Adolf Schullerus

Zur Kritik des altnordischen Valhollglaubens

ZUR KRITIK DES ALTNORDISCHEN VALHOLLGLAUBENS.

INAUGURAL-DISSERTATION

ZUR ERLANGUNG DER DOCTORWÜRDE

DER PHILOSOPHISCHEN FACULTÄT

DER

UNIVERSITÄT LEIPZIG

VORGELEGT

VON

ADOLF SCHULLERUS
AUS FOGARAS IN SIEBENBÜRGEN.

SONDERABDRUCK AUS DEN BEITRÄGEN ZUR GESCHICHTE DER
DEUTSCHEN SPRACHE UND LITERATUR XII, 2.

HALLE a. S.
DRUCK VON EHRHARDT KARRAS.
1886.

D̲R̲ OTTO BREMER

IN TREUER FREUNDSCHAFT

DER VERFASSER.

Seit Henry Petersens eindringenden untersuchungen über den altnordischen götterglauben [Om Nordboernes Gudedyrkelse og Gudetro i Hedenold, Kjøbenhavn 1876], in denen der verfasser Þórr als den eigentlichen nordischen hauptgott und den in der Eddamythologie herrschenden Oðinscultus als spät zugewandert zu erweisen bestrebt ist, sind allenthalben zweifel an dem ehrwürdigen alter des eddischen göttersystems kund gegeben worden. Doch während Bugge in seinen bekannten studien den grössten teil der nordischen mythen als nachbilder der antiken mythen- und heroenerzählungen, versetzt mit mittelalterlich-christlichen legendenzügen, ansieht, verteidigen Edzardi [Litteraturblatt 1882 s. 4 anm. 5] und Mogk zwar ihren germanischen ursprung, glauben aber, dass manche derselben ebenso wie die heldensage und zu gleicher zeit mit dieser aus Deutschland nach dem norden gewandert seien, ja letzterer spricht sogar von einer einwanderung sämmtlicher göttermythen, zu einer zeit, wo auch in Deutschland noch 'sagen- und mythenbildung in vollem flusse war'. [Mogk in der recension von Müllenhoffs Altertumskunde V, Zs. fdph. XVII, 370].

Eine entscheidung wird sich erst dann treffen lassen, wenn die einzelnen mythen schärfer und eindringlicher, als es bis jetzt geschehn ist, untersucht worden sind. Von vornherein lässt sich nur so viel sagen, dass jene annahme sehr unwahrscheinlich ist. Ein grosser teil der heldensage entstand, wie wir annehmen können, aus der übertragung von göttermythen auf geschichtliche personen und ereignisse, zu einer zeit also, da jene nicht mehr klar und bestimmt waren, und nicht mehr fest im glauben wurzelten. Als nun, — falls jene annahme richtig ist, — aus dem sonnengottmythus, der in dem nordischen von

Freyr und Gerðr erhalten ist, Siegfrieds valkyrjenwerbung ward, lebte jener eben nur noch in der erinnerung, nicht mehr aber im glauben. Wie also der Freyr- [sonnengott] mythus nicht zu gleicher zeit mit der Siegfriedssage religiöse glaubensgeltung gehabt haben kann, so können auch nicht beide zu gleicher zeit nach dem norden gewandert sein. Wenn von einer einwandrung der göttersage die rede sein kann, dann muss diese weit vor die einwandrung der heldensage gesetzt werden, in eine zeit, in die keine unsrer quellen zurückführt. Dass in der nordischen mythologie der Freyrmythus neben der Sigurðssage besteht, ist dadurch erklärlich, dass eins von beiden, die Sigurðssage eben, fremdes, entliehenes gut ist, und zwar in einer gestalt entliehen, die eine zusammengehörigkeit zu dem andern nicht mehr erkennen liess.

Wenn also die neueren untersuchungen, auch abgesehen von Bugges theorien, zu unrichtigen oder wenigstens zu verfrühten schlüssen gekommen zu sein scheinen, so haben sie doch das verdienst, die mythologische forschung bestimmt auf die entwicklungsgeschichte der mythen geführt zu haben. Bisher hatte die mythologie das hauptgewicht auf die mythendeutung gelegt und dabei zu sehr ausser acht gelassen, dass die quellen der mythologie [besonders die nordischen] nicht von vornherein als rein und vollkommen vertrauenswürdig angesehen werden dürfen.

An einen festen, alten kern — sei es im mythus, sei es in der sage — setzen sich verwante vorstellungen aus einem andern mythus, einer andern sage an. Vorgänge, die den psychologischen processen der verdichtung und verschiebung der vorstellungen entsprechen, nur dass bei der sagen- und mythenbildung die association eine grössere rolle spielt als die logischen denkprocesse. So bildet sich der mythus im volksglauben, wie er noch in einzelnen Eddaliedern, so wie oft auch in märchen vorliegt. Die weitaus grössere anzahl der mythologischen Eddalieder jedoch ist das product mythologischer gelehrsamkeit, die widersprüche zu glätten, den zusammenhang durch eigne erfindung herzustellen, die einzelnen vorstellungen in ein system zu bringen bestrebt ist. Den erweis für diese behauptung soll der im anhang gegebene excurs über die Grímnismál bringen.

Falls also überhaupt der versuch einer mythendeutung gemacht wird, muss er sich jedenfalls auf eine genaue zerlegung der uns in den Eddaliedern erhaltenen mythencomplexe in die primitiven elemente stützen.

Im folgenden beabsichtige ich einen wichtigen nordischen [Edda] mythus, den Valhǫllmythus, zu untersuchen und hauptsächlich die von Petersen [a. a. o. s. 98] kurz hingeworfene und von Edzardi [Literaturblatt 1882 s. 4] und Mogk [a. a. o.] aufgenommene ansicht, der Valhǫllglaube sei nicht urnordisch sondern erst mit der Oðinsverehrung aus Deutschland eingewandert, genauer zu prüfen. Vorher aber möchte ich zu dem eddischen Valhǫllglauben selbst, da er in den bisherigen darstellungen der nordischen mythologie nicht in allen punkten richtig aufgefasst und erklärt erscheint, einige bemerkungen machen und so zugleich für die späteren entwicklungsgeschichtlichen erörterungen einen festen boden zu gewinnen versuchen.

Benutzte ausgaben.[1])

Egils. S. = Egils Saga Hafniae 1809.
Eyrbyggja Saga Hafniae 1787.
Fas. = Fornaldarsǫgur 1829—30.
Fgrsk. = Fagrskinna [Unger] 1847.
Flat. = Flateyjarbók 1860—68.
Fms. = Fornmannasǫgur 1825—37.
Gisl. S. = Saga af Gísla Súrssyni 1849 [Gíslason].
Grett. = Grettis Saga 1859.
Hmskr. = Heimskringla [Unger] 1847.
Ísldr. = Íslendinga drápa [Moebius] 1874.

Ísl. S. = Íslendinga Saga 1843—47.
Laxd. = Laxdæla S. Hafniae 1826.
Málshátta kvæði [Moebius, Zs. fdph. E. B. 1874].
Njál. = Njála 1772.
Saxo edid. Müller-Velschow 1839—58.
Sn. E. = Edda Snorra Sturlusonar Hafniae 1848—80.
Die lieder der poetischen Edda sind nach Hildebrand citiert.

I. Die vorstellungen von Valhǫll.

1. Der name.

'Valhǫll' ist sicher ein ächt nordisches wort. Ein blick in das Lex. poët. zeigt uns eine reihe mit val zusammen-

---

[1]) Arabische ziffer bedeutet seiten- und strophenzahl, lateinische band- oder capitelzahl.

gesetzter worte, die alle mit den vorstellungen von tod, schlacht, leiche verbunden sind. Die beziehung des wortes zu schlacht und kampf tritt besonders auch in deutschen eigennamen hervor: Walamund, Walafrid, Walahraban, Walahun [Graff I, 801], Waledrudis, Walahild, Walaruna, Walegundis [Förstemann I, 1231 f.]. Im ags. herrscht der begriff 'tod' vor, wie in wæl-deáð, wælgár, wælrún. Ebenso zum teil im nordischen z. b. valbrandr = cnsis; valgaldr Vegtamskv. 4 = zaubergesang um tote zu erwecken; und so wird sich auch Valholl am besten als todesballe, als halle, in welcher die toten weilen übersetzen und erklären lassen. Herbeigezogen muss werden Valgrind [Grímnismál 22], die mauer um Valholl, und Valglaumnir [Grimn. 21 mit Bugge], der fluss um Valholl [vgl. Valskjálf = amnis, Snorra Edda I, 575_3. II, 479. 563. 622]. Valgrind aber und Valglaumnir stehen jedenfalls, wie auch unten ausführlicher erörtert werden soll, in engster beziehung zum Helreich, zum totenreich. Es liegt sehr nahe, diese beziehung schon in ihren namen und damit auch in dem verwanten namen Valholl zu finden. Ist dies aber richtig, so muss von der üblichen vorstellung als der halle der 'wahl', d. h. der halle, in welche nur auserwählte hingelangen können [so Grimm, Myth.[4] I, 120 aula optionis. N. M. Petersen Nordisk Mythologi[2] 230. Simrock: Handbuch d. d. M. 229], abgestanden und mit Müller [Mbd. wb.], Schade, Kluge ein germanischer stamm *wal = zerstören angenommen werden.

Eine scheinbare stütze erhält die verbindung des namens Valholl mit dem begriffe der wahl durch die übliche erklärung des namens der valkyrjen. Es sollen das die jungfrauen sein, die von Oðinn in die schlacht gesendet werden, um die zum tode zu bestimmenden auszuwählen. Doch diese erklärung, welche schon die Gylfaginning cap. XXXVI andeutet [.... þessar heita valkyrjur, þær sendir Oðinn til orrostu, þær kjósa feiga menn] beruht auf falscher etymologie. Valkyrja ist eine weibliche form, deren entsprechende männliche ausser gebrauch und nur vereinzelt in eigennamen erhalten ist. Langobardisch: Walkausus [Grimm, Myth.[4] 346]; altn.: Valkeri [Valkeri] von Hallfreðr Fornmannasogur I, 134 als = heros gebraucht. [Von Egilsson lex. poët. ohne grund als beiname Oðins gefasst.] Dazu vergleiche man noch: fürst Walcherus in den annales vedastini [Pertz II, 206], Walchisus, ein frankenfürst [Pertz II, 271. 309]; vielleicht auch Walakir [Graff II, 801]. In Vafþrúðnismál 41 heisst es von den einheriern:

> hǫggvask hverjan dag
> val þeir kjósa.

Val kjósa muss — wie immer der begriff sich gebildet haben mag — hier 'kämpfen' bedeuten, [vgl. ags. wíc ceósan kämpfen Gen. 1803. Exod. 243] und 'valkyrja' heisst einfach die 'kämpferin'. Von solchen kämpferinnen haben wir auch historische nachrichten. Aurelian führte im triumph 10 gotische amazonen auf 'quas virili habitu pugnantes inter Gothos ceperunt' [Grimm Myth.[4] III, 119. Holtzmann, Deutsche mythologie 161 nach Flavius Vopiscus]; Paulus Diakonus 1, 15 spricht von amazonen in intimis Germaniae finibus, mit denen die Langobarden gekämpft. Cassius Dio LXXI, 3, 2 erzählt ebenfalls von leichen bewaffneter frauen auf dem schlachtfelde [bei Holtzmann, D. myth. 161], ähnlich wie Pomponius Mela dasselbe von Sarmatenfrauen berichtet [bei Müllenhoff, Germania antiqua p. 83]. Einen nachklang dieser amazonen bietet noch deutlich Atlakviða 18. Die skjaldmeyjar Húna sind nichts anderes als jene amazonen bei Vopiscus und Cassius Dio. Sie sollen zur knechtarbeit gezwungen werden [herfi : Egge Egs. Vigf.]. Aehnlich ist Helg. Hund. II, 4; doch ist hier mit der vorstellung der kämpferin schon der begriff des göttlichen verknüpft [hón skævaði skýjum efri]. Man vgl. auch Atlm. 95 ff. Auch die wenigen beispiele, in denen uns nordische lieder und sagas valkyrjen in tätigkeit vorführen, zeigen uns nur die kämpferin, nicht aber die dienerin Oðins. Sie kämpfen aus lust am kampf, töten die helden, nicht um sie nach Valhǫll zu führen, sondern weil diese die gegner ihrer schützlinge sind. Sonst würden sie ja eher ihre lieblinge als ihre feinde nach Valhǫll geleiten. Helgakv. Hund. I, 55. 31, H. H. II zu 3, zu 17, Helreið 2. 8. Auch das valkyrjenlied in der Njála singt nur von kampf, nicht aber von der auswahl für Valhǫll [eiga valkyrjur vals um kosti, vgl. val kjósa]. Und wenn im Hrafnagaldr 1 das 'þrá', das sehnen, als charakterzug der valkyrjen angegeben wird, so sagt uns Vǫlundarkv. 3 den gegenstand dieses sehnens: ørlǫg drýgja. Das schlagendste beispiel übrigens, wie zweifelhaft die auffassung der valkyrjen als auswählerinnen für Valhǫll ist, bietet Helreið 5:

> þá lét ek gamlan á Goðþjóðu
> Hjálmgunnar næst heljar ganga.

Die valkyrje schützt ihren liebling, tötet dessen gegner, sendet diesen aber nicht nach Valhǫll, sondern zur Hel. Einzig die Hákonarmál lassen die helden durch die valkyrjen nach Valhǫll erwählt werden. Es mag dies aber gelehrte etymologie sein, wie in der Gylfaginning [s. o.] und wie in den heutigen mythologien.

Die valkyrjen, nordische sowol als angelsächsische, sind also nicht vervielfältigungen einer sonst nicht nachweisbaren kriegsgöttin [vgl. s. 234] sondern stammen aus der irdischen wirklichkeit, sind kämpferinnen, blutbesprengt, Fornald. S. II, 32, Helreið 3, einer zeit angehörig, 'die im weibe nur den gelungenen wetteifer mit männlicher kraft schätzt' [Scherer: Gesch. d. d. l. s. 11].[1])

2. Standort, äussere und innere einrichtung Valhǫlls.

Simrock, Myth.[3] 33. 43 lehrt, Valhǫll sei um den gipfel der weltesche Yggdrasill[2]) gebaut, so dass deren zweige noch über das dach hinausragen. Die bekannte Vǫlsungenhalle sei eine nachbildung dieser halle. Diese ansicht, obwol sie populär geworden ist und auch in der wissenschaft beifall gefunden hat [Edzardi, Heldensagen[2] III, 73**, Mogk, Beitr. VII, 273], ist zu gekünstelt und widerspricht den wenigen angaben, die wir darüber haben. Valhǫll würde dadurch ganz auf die spitze

---

[1]) Auch die skaldenkenningar fassen die valkyrjen nur als kämpferinnen, nie als botinnen Oðins. So heisst z. b. der kampf: Gǫndlar veðr, glymvindr, el, glygg, þing, þeyr. Hlakkar mót, skúr, el, stormr, hríð. Hristar el, Mistar frost, regn, mót. Skoglar dynr, veðr, hagl. Ebenso bezeichnungen für schwert, brünne, helm in hunderten von beispielen. Nirgends aber die leiseste anspielung an die 'wahlhandlung'.

[2]) So heisst doch der weltbaum, trotz den einwendungen Mogks (citr. VII, 254 anm. 2, Anz. fda. X, 352] Yggdrasils askr ist eben ein skaldenausdruck wie Fenrisúlfr, Glasislundr, Þjóðvitnis fiskr. Davon, dass Yggs ross unter der weltesche weide, ist nirgends eine spur zu fi den.

der welt gestellt. Wo bliebe da noch raum für die übrigen
götterburgen? Wo für den hain Glasir, wo für die aue, auf
der die einherier kämpfen, von welcher sie nach Valhǫll zurückreiten? Wie ist mit dieser vorstellung der fluss Valglaumnir zu verbinden, der vor Valhǫll rauscht? Das bild,
welches Grímnismál 25. 26 bietet, sagt nicht, dass gaiss und
hirsch an den über das dach hinaus und zur erde herab-
reichenden zweigen nagen, sondern es ist das bild, welches
jede sennhütte in der Schweiz, so wie im norden zeigt: die
ziege auf dem dache nagt an den zweigen des zum dache
herüberreichenden baumes. So fasst das bild auch die Gylfaginning auf: uppi á Valhǫll steht die ziege cap. 39. Der
hirsch gehört gar nicht hieher [s. unten: Excurs zu den Grím-
nismál].

Der verfasser der Grímnismál, welches lied fast die einzige
quelle unsrer kenntnis des Valhǫllglaubens ist, denkt sich
offenbar ein grosses götterreich, in dem jeder gott gleichsam
ein landgut und drinnen eine burg besitzt. Ein solches gut
ist auch Glaðsheimr, und darin erhebt sich Valhǫll [vgl.
Excurs].

Læráðr steht also vor Valhǫll. Ich hoffe die erörterungen
über die entstehung des Valhǫllglaubens werden dieser ansicht
noch weitere stützen gewähren. Vor Valhǫll aber steht auch
der hain Glasir. Der überrest einer strophe in Sn. Edd. I, 340:

Glasir stendr með gullnu laufi
fyrir Sigtýs sǫlum,

ganz so gebaut, wie etwa Grímn. 21, kann im zusammenhang
dieses Valhǫllliedes gestanden haben. Dann aber würde Glasir
mit Læráðr zusammenfallen und das letztere nur eine neue
bezeichnung des haines sein. Der name 'stillespendend' widerspricht nicht und von den zweigen eines haines [af Læráðs
limum] kann man füglich auch sprechen.

Der hain hat, auch nach skaldenausdrücken zu schliessen,
goldne blätter: Glasis glóbarr = aurum Fornald. S. I, 111.
Sn. E. I, 400_3; Glasis barr = aurum Sn. E. I, 336.

Valhǫll wird von der Valgrind umschlossen und vor dieser
strömt der fluss Valglaumnir. Beide zeigen deutlich ihre beziehung zu den vorstellungen von dem totenreich in der
unterwelt und es lässt sich, was von dem Helgitter und dem

Hellflusse gesagt ist, mit recht zur erklärung von Valgrind und Valglaumnir herbeiziehn.

Valglaumnir. von Bugge so aus dem handschriftlichen val glavi(r) gebessert [A hat valglävui(r)] ist offenbar der Gjallarstrom [Gylf. cap. 49. Skáldskaparmál cap. 18], der die unterwelt absperrt, den bei Saxo Hadingus [s. 51] und Thorkillus' [s. 423] auf ihrer fahrt in das totenreich zu überschreiten haben, derselbe, der in dem halbchristlichen Sólarljóð durch sein tosen den visionär zu Hels qualen ruft [42]. Der ofmikill árstraumr in Grímn. 21, die 'allzu reissende strömung' findet sich auch in vorstellungen der finnischen mythologie.[1]) Hier auch der die unterwelt abgrenzende strom und dieser auch ist reissend, hat scharfe wasserstromschnellen [kova koski], grausende sprudel [kauhea kinahmi], steile wasserfälle [korkea kopru], schlimme wirbel [paha pyörre]. Kalevala XII, 172 ff. XXXV, 335 ff. XXXVIII, 60.

Und hier finden wir auch, obschon nur in unklaren andeutungen, einen grossen, verderblichen fisch im totenflusse. Ilmarinen soll, ehe ihm die geliebte zur braut versprochen wird, den grossen hecht aus dem flusse Tuonis [des totengottes] bringen [Kalevala XIX, 155]. Dessen zunge ist 2 beile lang, die zähne wie ein rechenstiel, sein rachen so gross wie 3 ströme, sein rücken breit wie 7 nachen.

Und da Ilmarinen, nachdem ihm die erste frau gestorben, um deren jüngere schwester freit, spricht die erzürnte schwiegermutter: 'Eher schickte ich meine tochter in den rauschenden wasserstrudel, in den brennenden wirbel, in den rachen von Manas [totengott] wurm, in die zähne von Tuonis [= Mana] hecht: Tuonen hau'in. Kal. XXXVIII, 59 ff. Dieser hecht wird auch 'wasserhund' we'en koira genannt, XIX, 224. 257. 274.

Dieser 'wasserhund' wird wol dem Þjóðvitnis fiskr [= Þjóðvitnir vgl. oben s. 226 anm. 2] entsprechen. Ein ungetüm im totenflusse, der die schrecken desselben noch vermehrt.

Valgrind ist nichts anders als die Helgrind.[2]) Das wunderbare

---

[1]) Dass die finnischen vorstellungen vom totenreiche aus Skandinavien entlehnt sind, soll unter III gezeigt werden.
[2]) Vgl. für Helgrind die bezeichnung nágrind = leichengitter Lokasenna 63, Skírnismál 35.

schloss [Grímn. 22₆] bezeichnet das rasch hinter dem eintretenden sich schliessende tor; ein zug der sich ursprünglich auf die unterwelt bezieht [Grimm, Myth.⁴ 669]. Vgl. unten s. 239 anm. 2. Auch für diese Val-, Helgrind haben wir anklänge in der finnischen mythologie. Das land Pohjala, das in beziehung zum totenland steht, [sein grenzfluss wird oft mit dem totenfluss verwechselt, Kalevala XII] wird von einer hohen mauer umschlossen, die von der erde bis zum himmel reicht. Speere sind die zaunstäbe, mit schlangen durchflochten und mit eidechsen bekleidet. Ein wunderbares schloss wird jedoch nicht angedeutet [Kal. XXVI, 225 f. 580 f.]. Wie Þórr und seine begleiter sich durch die gitterstangen vor Utgarða Lokis reich zwängen [Gylf. cap. 46], so haut der jugendliche Lemminkainen mit seinem messer das schlangengeflecht herab, so dass er zwischen den speeren durchschlüpfen kann.

Valhǫll ist mit schilden gedeckt und wird durch glänzende schwerter erleuchtet [Grímn. 9. Sn. E. 208. 336]. Eine hierauf anspielende skaldenkenning: Salnæfrar Svafnis = clipeus [Þjóðolfr Sn. E. I, 34. Fornmanna S. X, 191₃. Fagrsk. 9₁. Flat. I, 574₅; Hornklofi in Heimskr. 62⁵ zugeschrieben] hat schon Snorri I, 34 philologisch verwertet. Es ist dies überhaupt die einzige mit sicherheit hierher zu beziehende kenning. Was sonst noch angeführt und von Egilsson im lex. poët. mit Valhǫll in verbindung gebracht wird, ist mindestens sehr zweifelhaft [vgl. s. 248].

Ueber der westlichen türe hängt ein wolf und ein adler [Grímn. 10]. Valhǫll hat 540 tore [Grímn. 23]. Ebenso wol 540 gólfe, so dass jedem gólf eine türe entspricht [s. d. Excurs].[1])

3. Valhǫlls bewohner.

Den vorsitz in Valhǫll führt Oðinn. Auf seinen schultern sitzen die raben Huginn und Muninn, zu seinen füssen ruhen die wölfe Geri und Freki, Grímn. 19. 20. Er lebt vom wein

---

[1]) Die asenhalle der Gylfaginning, Sn. E. I, 34, die ja offenbar Valhǫll nachgebildet ist [vgl. schilde als schindeln, kämpfende männer drin] hat auch morg gólf. Ist víngólfr vielleicht einer derselben? Víngólfr ist sonst nirgends unterzubringen.

allein [við vín eitt], während die einherier von der milch der
ziege Heiðrún, sowie vom fleisch des ebers Sæhrímnir sich
nähren. Mannhards interpretation dieser stelle [Baumkulte
II. bd. XII, anm. 2]: 'Oðinn allein lebt vom wein, der nur
göttern und grossen königen erreichbaren einfuhrwaare, seine
einherier von fleisch und met' ist sicher zu künstlich. Man
wird hier unter vín überhaupt ein kostbares getränk und zwar
den dichter- [weisheits-]trank zu verstehen haben. In einer
grossen reihe von kenningar wird die poesie als trank Oðins
allgemein, d. h. ohne bezug auf den raub des trankes aus dem
riesenreich, dargestellt.[1]) Oðin wird ein kessel zugeschrieben
in dem er den trank verwahrt und wenn in Snorris kenning:
Hárs saltonnu hrannir = poesis, Oðins halle als Valhǫll gefasst wird, so liegt der schluss nahe, dass wenigstens nach
Snorris anschauung, auch jene dichtertrankstonne in Valhǫll
gestanden habe, aus der Oðin seinen vín schöpft.

Ausser Oðin hausen in Valhǫll die einherjar = aus-
gezeichnete kämpfer. Ein steigert den begriff, vgl. einharðr,
einsætt, einsmurning, einskírr, einskærligr, einteiti. Dass nur
waffentote männer in ihre schaar aufgenommen werden, deutet
Grímn. 8 an: Hróptr kýss hverjan dag vápndauða vera. Spätere quellen führen diese bedingung weiter aus. Fagrsk. cap. 27
var átrúnaðr heiðinna manna at allir þeir er af sárum anda-
ðisk skylðu fara til Valhallar. Ebenso Sn. E. I, 84. 106. Die
Rímur frá Vǫlsungi sagen [20]:

[1]) Bragi: Uggs ǫl Sn. E. I, 466$_2$. Auðunn illskælða: Hárs lǫggvar
kleppdǫgg Sn. E. II, 100$_1$. Eyvindr: Galgafarms hverlǫgr Sn. E. I, 248$_2$.
Hárs lið Sn. E. I, 248$_2$ [W. U.]. Eilifr: Grunnstraumr Grímnis Sn. E. I,
292$_2$. Vǫlu-Steinn: Mims vinar straumr Sn. E. I, 250$_2$. Úlfr Uggason:
Hárbarðs fjǫrðr Fms. II, 203. Flat. I, 424$_3$. Egill: Viðris full Egils. S. 665.
Yggs full Eg. S. 655. Yggjar mjǫðr Eg. S. 657. Oðins aegir Eg. S. 453.
Oðins mjǫðr Eg. S. 431. Einarr Skálaglam: Hertýs vín Sn. E. I, 240$_2$:
Yggs mjǫðr Sn. E. I, 406$_4$. Viðris veig Fms. XI, 127. Háraldr konungr
harðr.: Yggs lið Fms. VI, 170$_3$. Refr.: Vitnis vaða vín Sn. E. I, 600$_2$.
Hrafnaásar full Sn. E. I, 232$_4$. Arnórr jarlask.: Hrosta brim Alfǫðr Sn. E.
I, 232$_1$. Þorvaldr blǫndusk. mjǫðr burar Bors Sn. E. I, 244$_3$. Yggjar
bjórr Bjarni bisk. Fms. XI, 163$_1$. Snorri: Hárs saltonnu hrannir Sn. E.
I, 642$_1$. Einarr Gilss: Viðris vín Bisk. S. II, 34$_3$. Lóðors vinar lið:
Islendingdr. 1. Yggs lið: Grettis S. 106$_2$. Fjǫlnis veig, Svǫlnis full.
Kormáks S. cap. XXIII, cap. VIII$_2$ [nach Egills.]. Oðins alda Njala cap. CXII
Yggjar bjórr: Málsháttakv. 29.

sér vænti hverr er af vápnum deyr
Valhǫll muni þeir gista;
und 44: Visan skyldu vegnir menn
Valhǫll eiga at gista,
en sædauðir seggir senn
æ til heljar vistar.

Die beschränkung auf die waffentoten ist nicht glücklich. Der víkingr hatte mit dem meere ebenso harte kämpfe als mit dem feinde zu bestehen, der tod in den wellen konnte für ihn nicht schimpflicher sein als der schlachtentod, konnte ihn nicht von Valhǫll ausschliessen. Und in der tat wird jener satz der Eddamythologie von den skalden in der praxis oft durchbrochen. Jeder tüchtige — wo und wie immer er gestorben war — hoffte, als sich der Valhǫllglaube gebildet hatte, eben nach Valhǫll zu kommen. Valandi, der durch eine mare getötet wird, wird in Valhǫll aufgenommen [Þjóðolfr Heimskr. 14[1]], ebenso Hálfdanr, der nach Snorri sóttdauðr war [Heimskr. 39[2]]. Nach den Eiríksmál weilt auch Sinfjǫtli in Valhǫll, obwol er doch durch gift gestorben. Und ebenso stirbt Ragnarr Loðbrók, von schlangen zerfleischt, lachend, in der freudigen hoffnung auf Valhǫlls wonne [Krákumál [29]. Fas. I, 310[3]].

Diese widersprüche der Eddaangabe mit der skaldenauffassung beweisen noch nicht — wie H. Petersen a. a. o. gemeint hat — die unursprünglichkeit des Valhǫllglaubens. Sie zeigen nur, dass der gelehrte mythologe, der Grímnismáldichter, und ihm folgend der Gylfaginningverfasser mit seiner ganzen mythologen- und skaldenschule eine theorie aufgestellt haben, die mit dem durch andere quellen bezeugten glauben nicht in übereinstimung steht. Deshalb hätte der Valhǫllglaube auch ursprünglich nordisch sein können. Anders natürlich ist es mit den beispielen, die waffentote helden doch nach Hel geschickt zeigen. Wovon später.

Eben so wenig, wie der eben angeführte satz der altnordischen mythologen, kann ein andrer der neueren mythologen als richtig angesehen werden, der nämlich, dass ausser dem waffentod zur aufnahme in Valhǫll noch vornehme oder wenigstens freie geburt notwendig sei.[1]) Die 2 hierfür geltend gemachten stellen Hárbarðsl. 24 und eine stelle der

---

[1]) So Edzardi in seinen vorlesungen über deutsche mythologie,

Gautreks S. [Fas. III, 8] beweisen gar nichts. In Hárbarðsl. 24 rühmt sich Oðinn[1]): 'Ich habe fürsten gereizt und niemals versöhnt. Oðinn hat fürsten, welche im kampf fallen, aber Þórr hat das knechtegeschlecht.' Betont ist hier der kriegerische charakter der fürsten im gegensatz zum friedlichen der bauern. Während Oðinn sich mit seinen fürsten an kampfspielen ergötzt, hat Þórr im kampfe mit den bergriesen für seine bauern gesorgt. 'O'ðinn á jarla, Þórr á þræla kyn heisst auch nicht: die fürsten kommen nach ihrem tode zu Oðinn, die knechte zu Þórr, sondern kriegerische helden hat Oðinn, d. h. kriegerische helden verehren ihn, bauern Þórr. Der Oðinsverehrer, denn ein solcher war der dichter des Hárbarðsljóð, sieht hochmütig auf die bauern und den von ihnen verehrten Þórr herab. [Ueber diesen gegensatz des Oðins- und Þórscults vgl. noch unten unter III.]

Die stelle der Gautreks S. kann noch weniger als die eben besprochene zum beweise jenes satzes dienen. Þikist hann ok víst vita, at Oðinn mun eigi ganga í mót þrælnum nema hann sé í hans [des herrn] foruneyti: sagt ja im gegenteil, dass auch knechte nach Valhǫll kommen, nur geht ihnen Oðinn nicht entgegen, und der empfang wird nicht so glän-

---

deren durchsicht im manuscripte ich der freundlichkeit dr. Mogks verdankte.

[1]) Das Hárbarðsljóð stellt den kampf der 'früheren friedlichen Þórscultur mit einer eindringenden, kriegerischen Oðinscultur' dar. Oðinn ist unter Hárbarðr gemeint und nicht Loki, wie Bergmann [Graubartslied] und Edzardi [Germania XXIII, 417] annehmen. Dafür sprechen meines erachtens überzeugend 4 gründe:
1. Oðinn als fährmann, vgl. Sinfjǫtlalok.
2. Oðinn als kriegsstifter und schürer, Hárbarðsl. 24. Vgl. dazu Helgkv. Hund. II, 33. Málháttakv. 22_2: Gizurr [Oðinn] varð at rógi saðr. Ferner die halsbandgeschichte im Sǫrlaþáttr [Fornald. S. I, 391. Flat. I, 275 ff.]: Freyja erhält ihr von Loki geraubtes halsband von Oðinn nur mit dem versprechen zurück, zu bewirken, dass 2 könige in einem fort kämpfen.
3. Hárbarðr hat die kenntnisse seiner spottreden aus den gräbern sich geholt [14]. Vgl. Vegtamskviða und Grógaldr.
4. Der name Hárbarðr ist nur für Oðinn bezeugt. Grimnism. 49. Sn. E. II, 472. 556. Úlfr Uggason: Sn. E. II, 203. Flat. I, 424_3. Njála cap. $CIII_2$.

zend, als wie ihn das leuchtende vorbild der Hákonar- und der Eiríksmál¹) zeigte. In den Grímnismál und daran anschliessend in der Gylfag. ist Valhǫll nur kriegerparadies. Das scheint die mythologische lehre gewesen zu sein. In der skaldenpraxis jedoch wurde Valhǫll oft mit 'göttersitz' überhaupt zusammen geworfen und daraus entspringen vorstellungen, denen gemäss auch götter sich in Valhǫll befinden. So nennt die Vǫluspá 34 den tod Baldrs: vá Valballar. Eyvindr nennt Valhǫll: at ásum. Bragi und Hermóðr gehn dem Hákon entgegen [Hákonarmál 14] und Eiríksmál 2 glaubt Oðinn: Baldr käme zu Oðinn zurück. In den Krákumál hofft Ragnarr Loðbrók: glaðr skal ek með ásum í ǫndveggi drekka [Str. 29. Fas. I, 310₃] und die späten Skíðarímur erwähnen neben Oðinn und den einheriern auch noch die 12 asen als bewohner Valhǫlls.

Schliesslich finden wir in Valhǫll auch frauen, nämlich valkyrjen, welche den einheriern met einschenken und die in der eingeschobnen [vgl. Excurs] strophe 36 der Grímnismál aufgezählt werden. Sie bringen durch liebeshändel streit unter die einherier. Helgkv. Hund. I, 39. Dass in der Gautreks S. Fas. III, 8 ff. sich mann und frau von der klippe stürzen und zusammen nach Valhǫll zu gelangen hoffen und dass in den Skíðarímur Skíði in Valhǫll Frigg und Freyja und Hilðr, die schöne tochter Heðins, sieht, kann nur als eine spätere unklarheit der mythologischen vorstellungen betrachtet werden.

Es bleibt noch übrig, das verhältnis Freyjas zu Valhǫll zu besprechen. Grímn. 14 sagt von ihr: hálfan val hón kýss hverjan dag, en hálfan O'ðinn á. Aus dieser stelle, sowie aus

---

¹) Wol auf die Eiríksmál bezieht sich eine erzählung in Rimberts vita Anskarii [Pertz II, 711]: Anskar kommt zum Schwedenkönig Oleph. Bei diesem ist auch, vom teufel geschickt, ein mann erschienen, welcher berichtet, er sei in der götterversammlung gewesen und sei zum könig und volk gesandt worden, um zu verkündigen: 'Ihr habt uns bisher verehrt, aber jetzt entzieht ihr uns die opfer und habt einen neuen gott über uns gesetzt. Wenn ihr fürderhin unsre gunst haben wollt, so setzt die opfer fort, nehmt den glauben des neuen gottes nicht an. Wenn wir euch nicht genügen und ihr mehr götter haben wollt, so wollen wir den Ericus, den ehemaligen könig, einstimmig in unsere zahl aufnehmen.

dem namen 'Valfreyja' in der Njála cap. LXXIX, hat man in neuerer zeit Freyja zur kriegsgöttin gestempelt, die ursprünglich mit Oðinn zusammen das kriegshandwerk getrieben, und die in den valkyrjen ihre vervielfältigung gefunden habe. Auch hier lehrt eine genauere betrachtung der herbeigezogneu stellen, dass jene schlüsse übereilt gezogen worden. 'Valfreyja' beweist gar nichts. Die betreffende kenning lautet: Valfreyju stafr = vir. Valfreyja = bellona = hilðr = bellum. Aehnliche beispiele lassen sich in menge anführen, in denen eine beliebige göttin göttin des kampfes, des schwertes u. s. w. genannt wird und so als valkyrje fungiert, ohne dass in ihr eine kriegsgöttin versteckt wäre.[1]) Für Grímn. 14 wird wol die erklärung K. Maurers, Bekehrung II, 98. 95 die richtige sein, wornach hier in Freyja noch die alte todesgöttin steckt, die ihre hälfte, d. h. die frauen erhält. So will auch Egils tochter vor ihrem tode nichts essen, bis sie zu abend bei Freyja gaste [Maurer a. a. o.]. Doch alles dies nur im geiste der Grímnismálmythologie. Sie kennt Freyja noch als die alte todesgöttin, hat für die männer ein neues paradies, natürlich also dass sie die übrigbleibenden frauen bei Freyja unterbringt. Also nur mythologische gelehrsamkeit, oder lieber spitzfindigkeit. Denn davon, dass jemals das totenreich für männer und frauen geschieden gewesen sei, ist nichts bekannt. Freyjas verhältnis zu Valhǫll löst sich aber, wenn das gesagte richtig ist, ganz auf. Sie ist nicht kriegsgöttin und die valkyrjen als kämpferinnen sind nicht ihre vervielfältigungen.[2])

---

[1]) Vgl. Randar Freyja = bellona Rǫgnvaldr Háttl. 37. Valgrindar Gefn = bellona Eyvindr. Fgrsk. 24_2. Heimskrgl. 106_1. Snyrtigerðr sverðmanns = bellona: Hallvarðr h. Fms. XI, 187_2. Gerðr með brugðnu sverði = bellona: Þórsteins S. Moeb. Annal. Nor. 185_1. Hjálðrs Þrúðr = b. Eyrbyggja cap. XIX_5. Geirþrúðr = b. [so nach Var. mit Egils.]. Grettis S. 12.

[2]) Erst durch die zusammenwerfung der irdischen kämpferinnen (valkyrjen) mit den schwanjungfrauen und nornen, die in der tat mit Freyja in verbindung stehen, trat Freyja auch zu den valkyrjen in beziehung. Die beziehungen zwischen den genannten halbgöttlichen wesen sind auch noch nicht genügend aufgeklärt.

II. Ist der Valhǫllglaube urnordisch?

H. Petersen hat s. 98 seiner öfters citierten schrift aus einigen widersprüchen in den angaben über Valhǫll kurzer hand die unursprünglichkeit dieses glaubens geschlossen. Die widersprüche sind doppelter art. Entweder es stehen die angaben der skalden oder der sagas über Valhǫll mit den Eddatheorien in widerspruch, z. b. wenn menschen in Valhǫll gedacht werden, die jenen gemäss gar nicht dahin gehören — daraus kann aber nur ein abweichen der volksmythologie von der Eddamythologie, nicht aber die unursprünglichkeit des glaubens gefolgert werden [vgl. s. 231] — oder die nachrichten bei den skalden und in der volkssage erwähnen Valhǫll gar nicht, lassen die helden nach Hel sterben: dann lässt sich — zumal wenn sich diese quellen als die älteren erweisen — auf die unursprünglichkeit des genannten glaubens schliessen. Nach diesem gesichtspunkte seien zunächst die Edda — dann die skaldenlieder untersucht.

1. Der Valhǫllglaube in den Eddaliedern.

Vǫluspá. Kennt, wenigstens in ihrer jüngsten, uns vorliegenden redaction, den Valhǫllglauben. 34 wird Baldrs tod: vá Valhallar genannt.

Str. 44. Gól um ásum Gullinkambi,
Sá vekr hǫlða at Herjafǫðrs,
En annarr gelr fyr jǫrð neðan
Sótrauðr hani at sǫlum Heljar.

Es wird hier Valhǫll der Hel gegenübergestellt[1]); at Herjafǫðrs scilicet sǫlum oder hǫllu vgl. Grimn. 25. 26, Vafþr. 40 nach paphndschr. hvat einherjar vinna Herjafǫðrs at.

Str. 64. Wenn nach der 'götterdämmerung' Baldr zurückkehrt, bewohnt er mit Hǫðr Hrópts sigtóptir. Es wird wol Valhǫll damit gemeint sein, da ja 34 Baldr auch vor seiner Helfahrt in Valhǫll gedacht wird. Vielleicht ist auch die

---

[1]) Die strophe ist übrigens, trotz Müllenhoff DA. V, 137 ein späterer zusatz, hineingeschoben im anschluss an den fagrrauðr hani von 43. Wenn 44₅ ein andrer oder der andere hahn bei Hel kräht, so kann füglich nur von einem und nicht von zweien früher die rede gewesen sein.

kenning des Þórðr Kolb.: Hrópts tóptir = clipeus Fms. II, 324₂, die sich auf die schildschindeln Valhǫlls zu beziehen scheint, hiefür in betracht zu ziehen.

Die letzte redaction der Vǫluspá kennt also den Valhǫllglauben, während einzelne partien [48 hræðask halir á helvegum. 53 troða halir helveg. 37 ff. die wasserstrafen] noch einem älteren anschauungskreise angehören.

Baldrs draumar [Vegtamskviða]. Züge von Hel werden gegeben, jedoch nicht im gegensatz zu Valhǫll. Oðinn reitet nach Niflhel hinab, begegnet dem blutigen hunde, der or helju kom [2]. Er kommt at hávu Heljar ranni, reitet an die östliche türe, erweckt mit totenzauber die vǫlva[1]), die wol Hel selbst ist [13 þriggja þursa móðir vgl. Sn. E. I, 104]. Die vǫlva ist slegin regni, snivin sniövi, drifin dǫggu. Er spricht aus der oberwelt zu ihr, sie aus der unterwelt.[2]) Für Baldr sind in Hels behausung die bänke mit ringen bestreut mit gold die glänzenden sitze übergossen. Met und berauschende getränke werden ihm vorgesetzt [67].

Þrymskviða, Hymiskviða ohne andeutung.

Lokasenna: 60 einheri = grosser held, spöttisch als beiname Þórs, da von dessen flucht in den däumling eines handschuhs erzählt wird. Dagegen formelhaft:

63 Hrungnis bani mun þér í hel koma
fyr nágrindr neðan.

Hárbarðsljóð. Formelhaft 27: ek munda þik í hel drepa. Ueber str. 24, die mit unrecht mit Valhǫll in verbindung gesetzt wird, ist s. 232 gesprochen worden.

Skírnismál: ohne andeutung.

Vafþrúðnismál.

41 Allir einherjar O'ðins túnum í
hǫggvask hverjan dag;
val þeir kjósa ok ríða vígi frá,
sitja meirr um sáttir saman.

---

[1]) Vgl. Saxo 38 ff. [Müller-Velschow]. Hadingus will von einem gestorbenen sein weiteres schicksal erfahren und legt deshalb unter dessen zunge holzstückchen, in welche dira carmina insculpta, vgl. Müller bei Saxo II, 56.

[2]) or heimi ist local zu verstehen 'in der oberwelt' und nicht mit Lüning: ich werde kunde aus der oberwelt bringen. Vgl. Gúðrúnarhvǫt 20: or helju, or heimi, vgl. auch Heimskrgl. 39₂ [unten s. 211]. [Dazu etzt die ausführungen von Sievers, oben s. 188 ff. — W. B.]

43. Eine unklare strophe. Vielleicht ist 43₈ zu lesen or heimi: 'durch 9 welten kam ich, bis zu Niflhel hinab. Hieher sterben aus der welt die menschen.' Die menschen, also alle menschen und hier wider ein stückchen alten Helglaubens, bewahrt neben dem Valhǫllglauben.

Grímnismál. Die hauptquelle für den Valhǫllglauben und daher ausführlicher zu behandeln. Excurs darüber am schluss.

Alvíssmál. Es werden verschiedene benennungen einzelner gegenstände 'í hverjum heimi' aufgeführt. Welches jedoch diese letzteren sind, ist unklar.

'helju í' nennt man den mond hverfanda hvel 15; die wolke hjálm hulíðs 19; den wind hvíðuð 21; das feuer hrǫðuð 27; die saat hnipinn 33; das bier mjǫð 35. Etwas charakteristisches ist in diesen bezeichnungen nicht zu finden. Der gelehrte dichter hat ganz willkürlich die verschiedenen ausdrücke auf die einzelnen welten aufgeteilt. Für unsere frage ist aus dem liede nichts zu gewinnen.

Hávamál, Rígsþula bieten nichts.

Hyndluljóð: Freyja fordert die riesin auf, mit ihr nach Valhǫll und til vés heilags zu reiten. (1) Derselbe weg wirh 6 und 7 valsinni genannt.

Grógaldr. Der sohn weckt die tote mutter aus dem grabe, welche til moldar er komin, ok or ljóðheimum liðin. (2)

Fjǫlsvinnsmál. Formelhaft: hníga til Heljar sjǫt getötet werden [25. vom hahne gebraucht].

Hrafngaldr und Sólarljóð, ohnehin als späte erzeugnisse von geringem quellenwert, bieten weder für noch gegen den Valhǫllglauben eine andeutung.

Vǫlundarkviða.

Helgakviða Hjǫrvarðssonar. Zu beachten ist str. 40, Sváva kommt zum sterbenden Helgi. Er spricht: sá mun í heimi hinztr fundr vera. Dachte der dichter vielleicht an die möglichkeit, dass anderswo Helgi und Sváva sich wider finden könnten? Und wenn die schlussprosa beide widergeboren werden lässt, ist es nicht nötig sie beide an einem todesorte zu denken? Es steckt wol auch hier noch der alte glaube an einen gemeinsamen seelenaufenthalt nach dem tode, und zwar dann in der Hel.

Helgakviða Hundingsbana I u. II. Beide kennen
Valhǫll. Die unklare strophe I₄ übergehe ich. I₃₉ wird dem
Guðmundr vorgeworfen, er sei aufruhrstiftende valkyrje at
Alfǫður gewesen.
In H. H. II. mischen sich alte und neue vorstellungen.
Die magd sieht den toten herrn zum grabhügel reiten: 'Ist
ragna rǫk gekommen? [wann die einherier aus Valhǫll zum
weltkampfe reiten,] oder ist den helden die heimfahrt gewährt?' (39).
Von Oðins sälen ist Helgi gekommen (49) und auf geröteten wegen, über die himmelsbrücke reitet er wider zurück, ehe Salgofnir das siegesvolk weckt. (48) ¹). Offenbar
alles das im anschluss an den Valhǫllmythus. In ebenso offenbarem widerspruche jedoch stehen andere züge.
41. upp er haugr lokinn. Also Helgi kommt aus dem
grabe. Und vergleicht man damit die situation in der Hervarar
S. Fas. I 437₂, wo der tote Angantýr aus dem grabe kommt,
dabei aber durch die helgrind, das tor der unterwelt gehen
muss (hnigin er helgrind, haugar opnast), so wird man auch
an unserer stelle den grabhügel zu der unterwelt in engste
beziehung setzen können. ²) Damit stimmt nun vollkommen
überein die schöne klage Sigrúns: 'Dein haar ist', Helgi,
starrend von reif, ganz ist der fürst von leichentau benetzt,
eiskalt die hände dem Hǫgniverwanten' (43). Damit vergleiche man die schon angeführte strophe der Vegtamskviða (5),
in welcher fast mit denselben worten, genau aber mit demselben sinne das aussehn der aus dem grabe auferstandenen
vǫlva geschildert wird. Und wenn (44) Helgi klagt, jede
träne Sigrúns falle blutig ihm auf die brust, feuchtkalt, eindringend, schmerzschwellend, so ist er dabei nicht im sonnigen
Valhǫll, sondern im grabe oder in der unterwelt gedacht.
Man sieht hier recht deutlich, wie hier der dichter des
Helgiliedes oder vielleicht schon die sage alte und neue

---

¹) Die prosa zu 38 lasse ich billig unberücksichtigt, da sie nur
erfunden ist, um die fälschlich hierhergeratene strophe zu motivieren.
Vgl. Lüning zur stelle. Sijmons Beitr. IV. 171.

²) Andere beispiele von solchem leben im grabe sind zusammengestellt von Müller in den erläuterungen zu Saxo I 244.

vorstellungen verknüpft hat, und auch, dass die grabesvorstellungen die älteren sind. Der schlusspartie liegt ein märchenzug zu grunde: der tote beklagt sich, dass die tränen der trauernden ihm lästig fallen. ¹) So auch Helgi und Sigrún. Der dichter will nun aber auch dem neuen glauben huldigen und dabei doch die alte sage nicht umändern. So lässt er Helgi von Valhǫll zum grabe reiten. Das natürliche wäre doch gewesen, dass Helgi nach hause, zum gewohnten ehebette gekommen wäre, wie das in märchenzügen so oft widerkehrt.

Grípisspá.

Reginsmál: 1. Formelhaft: Löse dein haupt helju or, spricht Loki zum zwerge.

Fáfnismál. 10. einmal muss jeder von hier zur Hel hin, spricht Sigurðr, da ihm Fáfnir mit dem tode droht. Also selbst Sigurðr, der held. — 21. 34. 39 formelh.: Reginn und Fáfnir sollen zur Hel, d. h. sterben.

Sigrdrífumál. 33. 34. Es werden zwar krankheitstote, seetote, wassertote unterschieden, aber sie sollen auf gleiche weise behandelt werden.

Cap. XXII—XXX der Vǫlsungasaga, welche die lücke des cod. Reg. bis zum brot ergänzen, bieten keine andeutung, ebensowenig Brot af Sigurðarkviðu und Guðrúnarkviða I.

Sigurðarkviða in skamma.

52. Brynhildr zu den mägden: 'Wenn ihr kommt mich [nach dem tode zu] besuchen.' Also Br. selbst glaubt zur Hel zu kommen, denn nur hier und nicht in Valhǫll [wohin zu kommen sie vielleicht als valkyrje anspruch hätte] können die mägde sie besuchen.

69. 'Ihm wird nicht der ringgeschmückte torflügel [hlunnblik hallar] klirrend auf die ferse schlagen, wenn ihm meine gefolgschaft von hinnen folgt' ²) — ihm folgen 5 mägde. Also auch Sigurðr wird in Hel gedacht.

---

¹) N. M. Petersen: Nordisk Myth. ² 372 teilt ein schönes märchen mit: visen om Age ok Else: Jedesmal wenn du weinst, ist mein sarg innen wie bestandenes blut; jedesmal wenn du dich freust, ist mein grab innen mit rosen geschmückt.

²) Es könnte zwar diese zufallende türe auch der Valgrind bei Valhǫll angehören, wie denn auch die Gylfag. in dem überarbeiteten [Mogk Beitr. VII 216] cap. 2 diesen dem Heltor angehörenden zug auf

Der lange weg, den Brynhildr 45 einschlagen soll, ist der lange weg zur Hel. [Der folgende satz: pars aptrborin aldri verði! ist nur wunsch: sie möge nie wider zurückkehren! der gedanke, den manche darin gefunden, weil sie sich selbst das leben nehme, sei ihr die widerkehr versagt, ist nicht darin zu finden].

Helreið. Brynhildr ist auf dem wege zur Hel. [prosa.] Sie erzählt, dass sie den Hjálmgunnar zur Hel geschickt habe. Sie ist versichert, dass sie fortan mit Sigurðr vereint ihr leben fortführen werde. Also bei Hel: vit skulum okkrum aldri slita Sigurðr saman 14, vgl. Fjǫlsvinnsm, $50_{5,6}$.

Guðrúnarkviða II III; Oddrúnargrátr.

Atlakviða str. 34 werden die im kampfe gefallenen niflfarnir genannt. Damit scheinbar im widerspruche steht 2 u. 15 die nennung von Valhǫll, doch nur scheinbar, der name ist wol nach Grönland hinübergebracht worden und dort volksetymologisch verstanden worden: 'grosse halle' [1]). Dass von der eigentlichen bedeutung keine spur hier vorhanden war, wird dadurch erwiesen, dass beider gegner halle, Gunnars und Atlis, so genannt wird. Eine ähnliche verblassung des begriffs ist in der Sturlunga S. I 279. 300. 301. 327 [Vigfuss.] wo eine bude auf dem Allþing Valhǫll genannt wird.

Atlamál. 27. Tote weiber [konur dauðar] erscheinen der Glaumvǫr im traume, künden ihr den tod ihres gatten an, vgl. die heljar meyjar in Sólarljóð 38. Proserpina, Baldrs tod verkündend Saxo 124.

Erschlagene helden kommen zu Hel. 40. 42. 48. Besonders 52 hefir nú Hel hálfa, nämlich die eben erschlagenen

---

Valhǫll überträgt: begar laukst hurðin á hæla hánum, aber der zusammenhang zeigt, dass auch hier Helgrind gemeint ist. Es sind die fallanda forað Sn. E. I 106. Aehnliche züge bringt F. W. Schuster im archiv f. siebenbürg. landeskunde IX 281. 302. Die öffnung einer schatzhöhle fällt krachend zu und schlägt dem hirten ein stück seiner ferse weg. Vor der tür der dunkeln welt krachen 2 heubäume [baumstämme, zur befestigung der heuladungen benutzt] über dem wanderer zusammen.

[1]) Val 'intensivum' vgl. valfasti, ingens ignis; valbrikr ingens tabula — clipeus. So Egilsson. Doch kann dies letzte beispiel vielleicht besser anders gefasst werden: kampfbrett=schild.

2 brüder Atlis.[1]) 84: fara i ljós annat wird wol christlich sein.

Guðrúnarhvǫt. Sigurðr hat versprochen, er werde Guðrún aus der Hel besuchen. [20] Sie bittet ihn, sein schwarzes ross zu ihrer abholung zu schicken [19].

Hamdismál bietet nichts.

Die genaue untersuchung der Eddalieder ergiebt also:

1. Von den götterliedern kennen nur die [jedenfalls späteren] mythologischen lehrgedichte Valhǫll. Ebenso die vorliegende (ebenfalls späte, vgl. unter III) redaction der Vǫluspá. Die noch im vollen götterglauben und götterleben stehenden lieder kennen Valhǫll nicht, sehen Hel als das alleinige todesreich an.

2. Der ganze Sigurðr- und Atlikreis, soweit er in den Eddaliedern behandelt ist, kennt den Valhǫllmythus nicht. Weder die sage (Sigurðr wird in allen liedern zu Hel kommend gedacht), noch die betreffenden lieder selbst. (Auch die übrigen sterbenden helden kommen in Hel's reich.)

3. Die Helgilieder kennen Valhǫll, aber einige spuren scheinen noch zu verraten, dass Helgi ursprünglich auch bei Hel gedacht wurde.

4. Allgemein, auch durch die im Valhǫllglauben stehenden lieder, zieht sich die formel fürs sterben: zur Hel fahren.

2. Der Valhǫllglauben bei den skalden.

Jessen hat in seinem bekannten aufsatze über die Eddalieder in Zs. fdph. III, 1 ff die ansicht ausgesprochen, die den ältesten skalden, besonders Bragi dem alten zugeschriebenen strophen seien erst ganz späten datums. Ein beweis ist dafür

---

[1]) So ist die strophe wol am besten zu verstehen. 52₁ en hǫggnir tveir liggja ist dem vorhergehenden gedanken parallel-synonym gesetzt. Aehnliche stellen finden sich öfters. Vgl. Vǫlundarkv. 33₇ f., 41₇ f. Atli hatte 4 brüder; es ist nicht gesagt, dass alle tot sind. Im gegenteil: str. 94. hálft gekk til heljar or húsi þínu. Vǫlsunga s: em ek nú einn eptir [in Hildebrands Var. zur str. 51] kann nichts entscheiden, da sie auch nur auf dieser, wie ich glaube missverstandenen, stelle, beruht.

nicht gegeben worden, und die neueren eingehenden untersuchungen über die älteste skaldendichtung haben sich an die tradition gehalten, wie sie die Skáldatal überliefert. So Þorláksson: Udsigt over de Norsk-islandske Skjalde; J. Sigurðsson in Snorra Edda III 205—498; Finnur Jónsson: Kritiske Studier over en Del af de ældste norske og islandske Skjaldekvað. Kjøbenhavn 1884. Es wird also auch hier erlaubt sein die chronologische anordnung der skalden in der Skáldatal beizubehalten.

Starkaðr. [1]) Kennt Valhǫll nicht. Eine ihm zugeteilte strophe in Fms. III 252 lautet:

    ... áðr Upplǫnd unnin yrði
    ok Geirþjofr um gefinn helju.

Geirþjofr aber war im kampfe gefallen. Auch die bei Saxo aufbewahrten d. h. mehr oder weniger treu übersetzten lieder Starkaðs stehen auf dieser anschauungsstufe. Ich stelle hier die bezüglichen stellen zusammen, ohne auf Müllenhoffs auseinandersetzungen (D. A. V, 326), in denen derselbe die einzelnen lieder verschiedenen verfassern und verschiedenen zeiten zuteilt, einzugehn, und bemerke nur, dass alle diese lieder in ihrer stellung zum Valhǫllglauben gleichförmig sind.

S. 318. latebra lethum depellere non est. 404: inde (im kampfe) dedi letho Wazam. [2]) Ebenso in der erzählung von der Bravallaschlacht, die ebenfalls auf Starkaðs liedern beruht: S. 391. Ringo spricht: uti Haraldus (der in der schlacht gefallen) fati consortes ad Tartara antecederet atque apud præstitem Orci Plutonem sociis hostibusque placidas expeteret sedes. Offenbar ist die unterwelt hiermit gemeint. Der gelehrte Saxo hat nur für Hel den männlichen todesgott der Griechen eingesetzt. Die placidae sedes erinnern an die geschmückten bänke der Hel in Vegtamskviða. [3])

---

[1]) Wann der mythische Starkaðr gelebt wissen wir nicht. Ueberliefert ist, dass hans kvæði eru fornust þeirra er menn kunnu nú. Moebius im catalogus = VIII jahrh. Ebenso Sigurðsson Snorr. Ed. III. 292.

[2]) Vgl. palus lethalis S. 345. 'heute noch helmose oder hellekiær' Müller in der anmerkung zur stelle.

[3]) Zur unterwelt schickt Saxo oder die ihm vorliegende liederquelle überhaupt seine toten.
S. 25 anm. 3: Gram prior illum manibus addet ac dabit orco, ... inque pavenda Tartara mittet, in bezug auf einen nahestehenden kampf. (gedicht.)

ZUR KRITIK DES VALHOLLGLAUBENS.

Mit Bragi dem alten, Boddason, treten wir in historische zeit ein. Ihm wird Sn. E. I 436$_2$ zugeschrieben:

svá lét ey, þótt etti
sem hón [mit Finnur Jónsson p. 14] orrostu letti
jǫfrum úlfs at sinna
með algifris lifru.

'Immer tat sie, als ob sie den kampf zwischen den fürsten stille, obwol sie anreizte, bei der schwester des allwolfes (Fenris) zu gasten.' Es ist die rede von den versöhnungsversuchen Hildes in der Hjaðningenschlacht.

Zeigt diese strophe klar, dass Bragi noch nichts von einem kriegerparadies im himmel weiss, so dürfen wir auch die beiden kenningar Bragis: Hjarranda hurð und Svolnis salpenningr = clipeus (Sn. E. I 438$_2$ u. $_3$) nicht auf Valhǫlls schindeldach beziehen. Oðinn war kriegsgott. So konnte leicht sein türflügel schild genannt werden und dass die in seiner behausung

---

S. 38 wird ein toter zum sprechen gebracht. Er spricht:
Jnferis me qui retraxit execrandus oppetat
Tartaroque devocati spiritus poenas luat.
(die beiden zeilen sind 3 mal widerholter 'stef', weisen also direct auf ein originallied hin).

S. 60. Hundingus stirbt, in einem bierfass ertrinkend, et dedit poenas sive Orco sive Hadingo, von dessen tode er falsche nachricht verbreitet hatte.

S. 82. Svanhvita folgt dem Regnerus im tode nach, hofft also mit ihm zusammen zu sein.

S. 104. Helden kämpfen und:
non funera plebis
Pluto rapit vilesque animas sed fata potentum
Implicat et claris complet Phlegethonta figuris.

S. 105. Im kampf: quanquam adeo multorum funere letho corpora tradiderim pugnans.

S. 344. Hagbarthus soll gehängt werden: patiboloque corpus, orco daturus spiritum.

S. 346. Hagbarthus sieht, dass Sygne mit ihm sterben will und ruft
Felix qui tanta merui consorte juvari,
Nec male tartareos solus adire deos.
Also mit Sygne zusammen.

S. 357: sceptrique cupidine nacti . . . . socio Styga funere visent.

S. 369. Grimo im kampfe fallend spricht: quum nos Stygius Pluto receperit. Ueberall hier griechische unterweltsvorstellungen auf Helvorstellungen der quellen hinweisend.

Nur einmal scheint Valhǫll gemeint zu sein. S. 103 mortem sprevit et elysium gaudens successit in orbem.

auf den bänken hingestreuten (runden) schilde 'pfennigen' verglichen werden, liegt sehr nahe. Man vergl. übrigens die kenning des Guþormr sindri Fms. I 29: Svigðis salr = clipeus. Also Sv. salpenningr = runder schild.
Bragis leben fällt in das ende des VIII. und in die erste hälfte des IX. jahrhunderts. Djóðólfr or Hvíni, der ein halbes jahrhundert später lebte, verwertet nun schon den Valhǫllglauben. So in seiner schon oben angeführten kenning: Svafnis salnæfrar = clipeus. Valhǫll wird als Þriðja þing (Heimskrgl. 39₂), als vit Vilja bróður (Heimskrgl. 14), bezeichnet. Dass Djóðólfr auch krankheitsgestorbene nach Valhǫll sendet, wurde schon oben s. 231 bemerkt. So Heimskrgl. 14₁, 39₂.
Doch wirkt auch bei ihm der Helglaube noch nach. Eysteinn wird durch den balken eines vorbeisegelnden schiffes in das meer gestossen und ertrinkt. Er kommt zur Hel. Heimskrgl. 39₁
En Eysteinn fyrir ási fór
til Byleists bróður meyjar.
Und auch dort, wo Djóðólfr von Valhǫll spricht, lässt sich, wie in dem 2. Helgiliede, genau die verbindung der beiden vorstellungskreise erkennen. Hmskrgl. 39₂:
Ok til þings þriðja jǫfri
hveðrungs mær or heimi bauð,
þá er Hálfdán sá er á Holti bjó
norna dóms um notit hafði.
Die beiden letzten verse zeigen, dass wir es hier mit einem 'sóttdauðr' zu tun haben. Wer ist nun jene hveðrungs mær? Es könnte eine valkyrje sein, da Hveðrungr = Oðinn (Sn. E. II 172. 555), wie etwa Yggs drós oder Valþognis Vǫrr. Aber die valkyrjen ziehen nicht einzeln aus und kiesen jedenfalls nicht siechbettgestorbene nach Valhǫll. Es muss Hel darunter gemeint sein. Hveðrungr = gigas vgl. Hveðrungs mǫgr = Fenrir (Vǫluspá 56) 'or heimi', aber vers 2 ist gefühlt wie til heljar (solche verbindung noch Vegtamskv. 6, Guðrúnarhv. 20). So tritt denn Hel hier als totenführerin [1]) auf, aber nun nicht mehr — und hier knüpft der neue glaube an — um die

---

[1]) Hel ist auch totenführerin. Sie holt auf schwarzem rosse die menschen ab. (Jódis). Sturlunga S. II. 220 anm. Eine frau sieht im traum ein weib auf grossem grauen rosse, dunkel gekleidet. Auf die frage: woher? antwortet sie: norðan, or Násheim. Sie erscheint dreimal,

toten in die unterwelt, sondern um sie zu Oðinn, nach Valhǫll zu geleiten. Ein widersinn, der sich nur durch das bestreben des dichters, neue und alte vorstellungen in einklang zu bringen, erklären lässt.

Wir sahen, dass bei Þjóðólfr waffentot nicht die bedingung für Valhǫll ist. Dass also der sóttdauðr Dyggvi bei Hel gedacht wird (Heimskrgl. 15₃) ist nicht ein zeugniss für den Valhǫllglauben, sondern ein rest des Helglaubens. [1]

Eyvindr Finnsson skaldaspillir (X. jahrh.) hat den Valhǫllglauben, doch wirft er das kriegerparadies mit dem göttersitze zusammen. Götter und einherier hausen friedlich nebeneinander. Bragi und Hermóðr werden dem Hákon entgegengeschickt, [Hákonarmál 14] und ihm wird zugerufen: þigg þú at ásum ǫl. [16]. Ebenso str. 10:

Vex nú gengi goða   er Hákoni hafa
með her mikinn   heim bǫnd of boðit.

und in der schlussstrophe heisst es deutlich:

síz Hákon fór   með heiðin goð,

Þórbjǫrn Hornklofi [X jahrh.] nennt einen helden helkannandi hlenna, 'einer der die räuber zur Hel schickt [Heimskrgl. 54].

Die Eiríksmál [X. jahrh.] lassen auch Sinfjǫtli, der doch durch gift gestorben, in Valhǫll verweilen. Der gedanke, die einherier sollten beim weltkampfe den göttern beistehn, ist schon vorhanden; 'denn nicht weiss man es', spricht Oðinn auf die frage, warum er den Eirikr schon berufen habe, ob nicht der wolf auf den göttersitz hinblickt. [str. 6. Fgrsk. 17₄]

---

nennt sich Guðrún Gjúkadóttir. Später erscheint sie nochmals. An den schweif des grauen hengstes ist ein mann gebunden: Eyólfr Þorsteinsson, der kurz vorher gestorben ist. Dass Hel sich selbst die toten holt bezeugen auch noch einige andere, s. 248 f. zu besprechende angaben. Vgl. Maurer bekehrung II § 55 anm. 19.   Fr. W. Schuster a. a. o. 257. 299. Verneinend Grimm Myth. ⁴ 700.

[1]) Die übersetzung Egilssons nach Rask: sol se delectat tumulo Dyggvii = collustrat tumulum [Glitnis gná = dea cœli = sol] ist schön, setzt aber ein unbelegtes glitnir = cœlum voraus. Passender dürfte sein: Glitnir = equus [Sn. E. II 457. 571 und Glitnis Gná = dea equi = iódis = Hel. Zu at gamni hefir wäre dann zu vergleichen Flat. II 100: mun Hel húsfreyja þin leggja þig sér í faðm. Flat. II 98: reyndu Ránar dœtr dreingina ok buðu þeim sín faðmlǫg. Saxo 124: Proserpina erscheint dem Baldr u. postridie se ejus complexu usuram denunciat.

Egill Skalagrimsson [X. jahrh.] scheint noch auf dem alten, Valhǫll nicht kennenden standpunkt zu stehen. Als jüngling erschlägt er 3 dienstmannen des königs Eiríkr und erzählt dann in einer vísa, dass jene, helgegnir til hásalar heljar des widerkommens vergessen würden. [Egils S. cap XLV].

Wichtig ist ferner die schlachtschilderung in Hǫfuðl. 9 [Egils S. s. 440]: trað nipt Nara nåttverð ara 'Hel trat auf die leichen' [?], sicher dem Helvorstellungskreise angehörig, obwol ich gestehen muss, dass das bild mir unklar ist.

Auch für sich selbst erwartet Egill die Hel. Er wird zwar voraussichtlich sóttdauðr sein, aber diese unterscheidung zwischen krankheits- und schlachtentod gehört ja, wie gezeigt wurde, nur speciell der Eddamythologie an. Er sagt: [Sonart. 24, Egils S. s. 643]: Tveggja baga ok [1]) Njǫrva nipt á nesi stendr = Hela exspectat me in promontorio. [2]) Und ebenso in derselben strophe:

skal ek þó glaðr   með góðan vilja
ok óhryggr   Heljar biða.

Hiezu passt auch, wenn Egill eine todesgefahr heluauð [Egils S. cap. LIV$_1$, vgl. Kórmáks S. cap. XXVII$_2$ nach Egilsson] und einen brudermörder niflgóðr niðja steypir nennt, [entweder weil dieser den bruder zur Hel geschickt, oder weil er selbst hinkommen wird]. 3 strophen jedoch werden wie in der Kopenhagener ausgabe der Egilssaga so auch bei Egilsson, im lex. poet., für Valhǫll in anspruch genommen: ich glaube mit unrecht.

Sonart. 10. [Egils S. s. 622]:

Mik hefir marr   miklu ræntan,
Grimt er fall   frænda at telja,
Siðan er minn   a mun-vega
Aldarskjǫllðr   af lifi hvarf.

munvegar nimmt die Kopenhagener ausgabe [Kh.] als loci beatorum=Valhǫll, weist aber zugleich auf eine andere erklärung hin. Mun = flumen, mare [Sn. E. 1 576 $_2$. II 479. 563. 622]. Egill klagt um den sohn, der im meere ertrunken ist und nun spricht er: Mir hat das meer vieles geraubt — seit mein geschlechts- schild [der grossvater, der selbst auch ertrunken war] auf dem meere [wol á mun-vegi] sein leben verlor.

[1]) So vielleicht zu lesen: Tveggja bagi=Odhini adversarius = Fenrir.
[2]) Vgl. Fáfnismál 11: Norna dóm þú munt fyr nesjum hafa.

Sonart. 17 [Egils. S. 634]:
  Byrr er býskips i bæ kominn
  Kvánar son Kynnis leita.
'Das gebäude der wolken' soll hier Valhǫll sein. Aber nur so in den wolken schwebend, wurde Valhǫll doch nicht gedacht. Es ist wol das 'bienenschiff' ein [hobler] baumstamm [vergl. anmerkung zur stelle in Kh.] und býskipsbær das holzstammgebäude, das schiff, auf welchem die von Egill gekauften holzstämme eben nach hause gebracht wurden, bei welcher gelegenheit der sohn ertrank. Kynnis leita würde dann zu verstehen sein, wie das oft vorkommende kynni sjá, die beschaffenheit [des schiffes] auszuforschen, zu sehn wie es dort zuginge. [vgl. salkynni sjá Vafþrúðn. 3. Grímn. 9. 10.]
Sonart 20 [Eg. S. 638].
  þat man ek enn er up um hóf
  i Goðheim Gauta spjalli
  ættar ask þann er óx af mér
  ok kyn-við kvánar minnar
Nicht: 'Oðinn [Gauta spjalli] hob nach Valhǫll meinen sohn'. Goðheimr ist überhaupt der sitz der götter 'hinn forni ásgarðr' im gegensatz zu manheimr [Ynglinga S. cap. IX, X]. Es ist mit Kh. zu übersetzen: Ich habe durch poesie [durch Oðins wort] den sohn bis zu den göttern erhoben.

Die übrigen skalden des X. jahrhunderts geben, da ihre andeutungen zu kärglich sind, kein rechtes bild von ihren diesbezüglichen anschauungen. Doch scheinen schon diese kargen andeutungen die einzelnen skalden scharf von einander zu sondern.

Hásteinn lässt seine helden nach Hel sterben: áðr á hæl til hvíldar hækings viðir [=gladii arbores, viri] æki. Isld. S. I 165₃].

Þórleifr, ebenfalls dieser zeit angehörend, schwankt. Er ruft zwar einem kämpfer, der im zweikampfe gefallen ist, zu, er solle hvílast í helju stund ok mílu [Fms. III 101], aber ebenso spricht er von einem helden: þú hefir Oðni ǫðlinga níu senda [Heimskrgl. 170₁].

Den Valhǫllglauben bezeugen: Glúmr Geirason [Randullr Gauti her sendi Fms. I 25, Heimskrgl. 86], Hávarðr halti [heimboð þiggja ok bauga Haugagoðs=in Valhallam accipi Sn. E. I 232₂], Hallfreðr [Vápnbautinn herr, eignaðr Gauti

Olafsdrápa ₇], Einarr Skalaglam: [im kampfe von einem helden: iök þundi þegns gnótt Fms. I 57, Hmskrgl. 116₂ und: þvi kom vꝍxtr í vinu Lopts vinar vinheims Fms. I 65, Hmskrgl. 122₁]. ¹)

Im XI. jahrhundert schwindet der lebendige alte götterglaube allmählig, wird aber litterarisch noch weiter verwendet. Eine chronologische scheidung unter den vorstellungen der dichter wird also nicht mehr möglich sein, da alle, ohne mit ihrem glauben daran beteiligt zu sein, aus den anschauungen früherer geschlechter schöpften. Die nach beiden seiten hin zusammenzustellenden zeugnisse haben also keine beweiskraft für den einzelnen dichter, sondern beweisen nur das vorhandensein dieser vorstellungen in früheren zeiten.

Valholl bezeugen:

Hrópts toptir = clipei : Þórðr Kolb. Fms. II 324₂, Gauts himinn = clipeus: Sturla þ. Fms. IX 517. Gauts þekju sól=gladius: Eyrbyggja cap. XXII₁, Hass dyra dagr = gladius: Fas. I 259₂ ²) Ek gaf Oðni Asmóðar arfa [vísa in Landn. bók Isld. S. I 307.] veit ek þik gefa teitan val Vidri [vísa 'in Isld. S. I 327₂]. Við skulum i aptan Oðin gista [vísa in Orvar Odds. S. Fas. I 423₁ u.₂]. Oðinn hlaut val [in Fagrsk. 41₂]. Háva holl = Valholl [Skiðarímur 90].

Weit reichhaltiger und klarer sind auch für diese zeit die zeugnisse für Hel:

Valgarðr: ló hel sumum frelsi (?) [Fms. VI 175₂, Fgrsk. 114₂].

Sighvatr: heljar diskr = hunger vgl. Sn. E. I 106 [Sturl. S. I 365₂, vgl. auch I 370 anm. ₂].

Saemundr hin fróði : áðr Asadolgs einkadóttir kom at raena lof ðung lífi. [konungatal 9, Fms. X 423ᵇ₁].

Bjarni biskup: þar lét Vigfúss Aslaki verða helfarar veittar d. h. tötete ihn im kampfe. [Jómsvíkingadrápa Fms. I 177].

---

¹) Hallfreðs: þriðja hauðr = clipeus Fms. III₄ Flat. I 194₂; Heimskrgl. 216₂ = Halldórr ist zu betrachten wie die s. 213 besprochenen kenningar Bragis.

²) So Egilsson lex. poet. Doch lassen sich alle diese kenningar auch einfacher erklären. Vgl. s. 243.

Sturla Þorðarson in einer schlachtschilderung: [Fms. IX 522₁, Flat. III 155₂]
> Ok þar fell feigum hausi
> Giallar mans greypri hendi
> Fenris nipt fylkis dólga.

= da umhüllte Hel mit ihrer rechten hand das todgeweihte haupt des helden.

Fms. IX 533₂ derselbe, ebenfalls in einer schlachtschilderung:
> ok þar gekk a Giallar brú
> ræsis mágr.

Von unbekanntem verfasser i Sǫrlastikka [Fas. I 397. Flat I 278]: Féll [Sǫrli im kampfe] á helpalla [ad subsellia Helae]. In der Grettis S. erzählt Grettir in einer vísa von einem kampfe, in dem er gefahr lief erschlagen zu werden:
> þá er mik víf í valskorum
> lukt ok læst lífs um kvaddi,

als mich Hel um das leben ansprach. [60₁]. In demselben kampfe hat ihn Þórsteinn vor der brudertochter Byleists [Hel] geschützt. [60₂]

Endlich [1]) noch Sturl. I 370. Einer wird im kampfe erschlagen. Er erscheint im traume:
> .. en vér erum felldir
> því vil ek norðr með Njǫrðum
> ... geirhríðar hel bíða.

Die Valhǫll- oder Helanschauungen der reichen nordischen prosaliteratur stellt K. Maurer, bekehrung § 55 zusammen. Zwei charakteristische beispiele nur seien hier erwähnt. In der Gísla Súrssaga wird erzählt, dass Vésteinn bei einem überfall durch einen speer getötet wird. 'þat er nú siðr' sagt Þorgrímr zu Gísli, 'at binda helskó at fótum mǫnnum, áðr í haug eru lagðir, þvíat' setzt der sagaerzähler hinzu, 'þat var þá mælt at

---

[1]) Nicht angeführt, weil zu sehr verdächtig, ganz auf christlichem boden zu stehen, sind 2 strophen, die hier in der anmerkung folgen mögen. Saga Herrauðs Fas. III 206₂:
> getr þú eigi ráðit,
> þá skulu þik hundar í hel gnaga
> en sál þín sǫkkva í víti.

Sturlaugs S. Fas. III 628₂
> hann skal í helju hvíldar njóta
> ok margskonar meina beiða.
> þa mun Sturlaugr hinn starfsami
> með góma knifum grafinn í stykki.

þeir skyldi til heljar fara, þá er hann væri dauðr. So die
eine, hier offenbar bessere redaction der saga. [Ausgabe v.
Gíslason 1849 s. 107]. Die andere redaction [s. 24]: þat er
tiðska at binda mǫnnum helskó, þá er þeir skulu ganga á til
Valhallar. Also helskó und Valhǫll! Man sieht augenblick-
lich, dass hier an die alte, ursprüngliche anschauung, eine
neue, freilich ungeschickt genug, angeknüpft ist.

Ein ähnliches verhältniss besteht zwischen den beiden
berichten über Háralðs bestattung nach der Bravallaschlacht
bei Saxo 376 ff. und im Sǫgubrot, Fas. I 387.
In Saxos erzählung, 'die hier unbedenklich höheres alter
trägt als das Sǫgubrot' [J. Grimm: über das verbrennen der
leichen, kl. schr. II 272], wird ein scheiterhaufen errichtet und
auf Hrings befehl das beste, was jeder hat, in die flamme
zum toten helden geworfen. Nichts von Valhǫll. Das Sǫgubrot
aber, das Harald den krieg beginnen lässt, damit er den
waffentot finde, berichtet, Hringr habe Hárald sammt ross und
wagen begraben lassen, damit er, wie es ihm beliebe, nach
Valhǫll reite oder fahre.

Die im vorhergehenden versuchte chronologische bestimmung
des auftretens des Valhǫllglaubens führt zum ergebniss, dass
Starkaðr und Bragi ihn noch nicht gekannt, dass er erst in
Þjóðólfs dichtungen auftritt, und dass für ihn auch später, wie
in der prosa, so in der skaldenliteratur sehr oft noch der
allgemeine Helglaube eintritt. Egill scheint ihn nicht zu
kennen. Dass oftmals bei demselben dichter Valhǫll- und
Helvorstellungen sich mischen, kann nur darin seinen grund
haben, dass die einen neu sind, und statt ihrer dem dichter
oftmals unwillkürlich die alten vor die augen treten. Die Helvorstellungen aber sind älter, weil urgermanisch [s. 256 f.]
und so muss eben der Valhǫllglaube das neue element sein.
Þjóðólfr, der erste zeuge für den Valhǫllglauben, lebte in der
2. hälfte des IX. jahrhunderts. Bragi starb in der mitte dieses
jahrhunderts, es wird also die erste hälfte des IX. jahrhunderts,
die ältere wikingerzeit, für das aufblühn des Valhǫllglaubens
in anspruch zu nehmen sein.

Das ergebniss, welches die untersuchung der Eddalieder
ergab, widerspricht der eben gefundenen datierung des

Valhǫllglaubens nicht. Freilich darf die sache nicht so aufgefasst werden, als seien nun alle lieder, die Valhǫll nicht kennen, älter als das IX. jahrhundert. Gewiss nicht. Die Atlilieder gehören sogar zu den allerjüngsten. Aber nur die jetzige form ist so jung. Die heldensage ist gewiss in liedform aus dem süden zum norden gekommen, und wenn die nordischen pulir diese lieder auch in ihre formen umgegossen haben und ein geschlecht sie vielleicht nicht treu dem folgenden vererbt hat, so ist es doch leicht erklärlich, dass in ihnen sich anschauungen erhalten haben, welche sonst von andern verdrängt waren. Und ebenso steht es mit den götterliedern. Lieder die einen einzelnen göttermythus behandelnd, selbst, oder mittelbar durch ihnen vorhergehende stufen, in die zeit vor dem IX. jahrhunderte zurückweisen, kennen Valhǫll nicht: erst die im X. und XI. jahrh. sich breitmachende gelehrte mythologie behandelt in ihren liedern auch diesen cultus.

Von den Helgiliedern ist schon oben [s. 241] gesagt, dass sie zwar Valhǫll aufweisen, dass in ihnen aber noch die spuren älterer anschauungen zu bemerken sind.

III. Die entwicklung des Valhǫllglaubens.

Wir sahen, dass der Valhǫllglaube im norden erst spät, im IX. jahrhundert, auftrete. Es drängt sich daher die frage auf: ist derselbe um diese zeit aus der fremde nach Skandinavien eingewandert, oder hat er sich, wenn vielleicht auch durch fremde elemente beeinflusst, in dieser zeit in Skandinavien selbst entwickelt? Ich hoffe zeigen zu können, dass bei weitem für die letztere annahme die grössere wahrscheinlichkeit spricht.

H. Petersen hat in seiner angeführten schrift erwiesen, dass der in der Edda- und skaldenmythologie herrschende Oðinscultus unursprünglich [1]) sei und erst in einer späteren zeit, im IX. oder X. jahrh. einsetze; nicht so sicher aber dürfte der schluss sein, den er und mit ihm Edzardi und Mogk gezogen haben, dass nämlich der Oðinscult und mit diesem verbunden der Valhǫllcult aus Nordwestdeutschland nach dem norden gewandert sei.

---

[1]) Es sei hier zur ergänzung der von Petersen geltend gemachten gründe noch auf einige kleinere punkte aufmerksam gemacht: himinsjóli=rex cæli=þórr, Eilifr G. Sn. E. I 296$_2$. In der Olafs S. Tryggv. Flat.

Ich habe schon zu beginn dieser abhandlung die wahrscheinlichkeit einer solchen einwanderung bestritten. Ganz besonders unwahrscheinlich aber ist dieselbe, speciell auf unseren fall bezogen. Nicht der leiseste äussere anhaltspunkt spricht dafür, im gegenteil, im VIII. und IX. jahrh. kann in Deutschland der Wuotans-, Wôdensglaube unmöglich noch so rein und vollständig gewesen sein, dass sich aus ihm die reinheit und vollständigkeit des nordischen glaubens erklären liese. Und mit Edzardi die einwanderung schon ins VI. jahrh. zu setzen, geht einfach darum nicht, weil dann schon die ersten Islandbebauer Oðinn hätten verehren müssen, und nicht all' ihre besitztümer Þórr hätten weihen können. Es kann die Oðinsverehrung erst damals zur blüte gelangt sein, als Island schon eingenommen und bebaut war.[1]

Innere gründe jedoch sprechen eindringlich für eine einheimisch-nordische entstehung und entwicklung der Oðinsverehrung. Hauptsächlich drei seiten des Oðinsglaubens finden wir in der Edda- und skaldenmythologie ausgeprägt. Oðinn als kriegsgott, als weisheitsgott und als dichtungsgott. Die

---

II, 389: bat Þór, hofdingja allra guða. Regnerus fürchtet keinen riesen, überhaupt niemanden Thor deo excepto, Saxo 71. Vgl. Saxo 101: hercule excepto nemo illo visus mihi fortior unquam. Islend. S. II 433 wird könig Haralds geschlecht auf Þórr zurückgeführt. Doch muss betont werden, dass die beigebrachten zeugnisse nicht etwa Þórr als den ursprünglichen götterherrn, götterfürst erweisen, sondern nur besagen, dass Þórr im volksglauben der bei weitem populärere, am meisten verehrte gott war. Und in diesem sinne konnte er wol auch hie und da der höchste gott, der mächtigste gott genannt werden, ohne dass darum eine änderung im göttersystem angenommen zu werden braucht. Der volksglaube kümmerte sich wol überhaupt nicht viel um das rangverhältniss der götter zu einander, sondern verehrte die ihm am nächstenstehenden, und erst die gelehrte mythologie des XI. und XII. jahrh. hat das system, wie es in den Edden hervortritt, ausgebildet.

[1]) Ich will nicht unterlassen auf ein, wie es scheint noch nicht berücksichtigtes moment aufmerksam zu machen. Flat. I, 27 wird die geschlechtsreihe könig Háralds hárfagri auf Adam zurückgeführt. In buntem durcheinander werden hebräische, griechisch-lateinische götternamen angeführt und an diese mit der formel er vér kollum .. altnordische namen ähnlichen klanges angefügt: hans son het Tror, er ver kollum Þór. hans son var Loricha. er ver kollum Hlorida. hans Eredei er ver kollum Eindrida ... hans son Voden, er ver kollum Oðinn, vgl. Sn. E. I 24: Voden [W] en þann kollum vér Oðinn.

beiden letzten züge sind eigentümlich nordisch. ¹) Während bei den südgermanischen stämmen Wuotan (Wôden) sturmgott, kriegsgott vorzüglich war, der mit dem erblassenden götterglauben zum herrn der durch die luft brausenden luftgespenster, zum wilden jäger ward, ist im norden Oðinn früh der dichtungsgott, überhaupt der gott der schönen künste, [der sich auf iþróttir verstand] geworden. Und so haben ihn nach Müllenhoffs schönem erweise die þulir als fimbulþulr verehrt. So lange aber noch — in friedlicher ackerbauzeit — Þórr der hauptgott war, stand Oðinn im hintergrund. Als jedoch in den stürmen der vikingerzeit mit der kriegskunst zugleich die skaldenkunst erblühte, trat auch der gott des krieges und der poesie in den vordergrund und mit spott sahen die Oðinsverehrer auf Þórr und seine verehrer herab, die stolzen krieger und sänger auf die der alten cultur treugebliebenen landbauern. [Vgl. das oben s. 232 über Hárbarðsljóð bemerkte] ²)

Erst um das jahr 800 schwand das v vor dem o, u, y im altnord. [Noreen altn. gr. § 211], erst im IX. jahrh. also konnte der Norde das fremde Voden von seinem Oðenn unterscheiden. Aber diese register stammen offenbar aus einer viel späteren zeit [XIII. jahrh.] und Voðen kann nicht mehr aus jener einwanderungszeit stammen, sondern ist wol eine frucht des späteren verkehrs mit den Sachsen.

¹) Doch geht möglicherweise diese innere seite des sturmgottes [óðr der innere rausch der begeisterung] schon bis ins indogermanische zurück. Vgl. Kluge etym. Wb. unter wut, worauf mich aufmerksam zu machen herr prof. Braune die freundlichkeit hatte. Kluge vergleicht: ‛an. óðr. poesie, gesang. Der zusammenhang der bedeutung ergiebt sich aus dem urverwanten lat. vātes gottbegeisterter sänger (altir. fáith), vgl. die skrt. wurzel vat geistig beleben. Wahrscheinlich gehört zur selben wurzel der alte göttername Wôdan'. Es hätte nach dieser auffassung der Norden nur gewahrt, was die südgermanischen völker zum teile aufgegeben haben. [Vgl. hierzu auch noch: von Bradke, Dyâus Asura, Ahura Mazdâ und die Asuras. Halle 1885, p. X f. — W. B.]

²) Der Oðinscultus blüht vorzüglich in der skaldendichtung. Wie ihr gott, so waren ja auch die skalden zugleich sänger und krieger — man denke nur an die herrlichen gestalten eines Starkaðr, Ragnarr Loðbrók, könig Háraldr hárfagri und harðráði. Es ist bemerkenswert, dass die Eddalieder, welche doch mehr auf den anschauungen des volkes fussten, dort wo sie wirkliche mythen behandeln, Oðinn gar nicht bevorzugen. Þórr ist hier der liebling. Dem einen Oðinsliede, Vegtamskviða, entsprechen 2 Þórrlieder, Hymiskviða und Þrymskviða, denen sich ehemals gewiss noch andere lieder über die fahrt nach Geirrǫðsgarðr,

3

Was im vorhergehenden von der möglichkeit einer einwanderung des Oðinscultus im allgemeinen gesagt worden ist, lässt sich bedeutend schärfer in bezug auf den mit dem über seine weiteren kämpfe mit der schlange und den riesen angeschlossen haben. Erst die mythologische gelehrsamkeit, die mit der alten volksüberlieferung auch die ergebnisse der skaldendichtung zu verwerten sich bestrebt — Vafþrúðnismál, Grimnismál — drängt, anknüpfend an die alte verehrung Oðins als weisheitsgott, Oðinn in den vordergrund, ihre weisheit ihm in den mund legend.

In der skaldenmythologie aber herrscht Oðinn, und zwar in immer höherem maasse mit dem steigen der skaldenpoesie. Während Bragi und þjóðolfr ihn noch wenig in ihren kenningar verwenden, erreicht diese verwendung bei den skalden des X. und XI. jahrh. ihren höhepunkt, so bei Egill Skalagr. und bei Einarr Sklgl. Umgekehrt schwindet Þórr je mehr und mehr aus der skaldendichtung. Während Bragi, Eilifr, þjóðolfr noch oft genug auf seine riesenkämpfe anspielen, schwinden diese seit Ulfr Uggason [X. jahrh.] fast vollständig. Þórr war offenbar aus der mode gekommen. Oðinn wird etwa 9 mal so oft verwant als Þórr [abgesehen von den beiden drápen Eilifs und Bragis, die sich nur mit Þórr beschäftigen], 9 mal so viel als Týr und Freyr, und etwa 10 mal so viel als Baldr.

Dass Oðinn vorzüglich als kriegs- und dichtungsgott von den skalden geschätzt wurde, erweist die lange reihe der in diesem sinne gebildeten kenningar. Sie alle aufzuzählen ist nicht nötig. Týr kennt nur eine einzige, späte kenning als kriegsgott [Sturla XIII. jahrh. Týs eldr=gladius Fms. IX 515], Þórr nicht eine einzige. [Solche kenningar wie sverðatyr=heros oder geira garðs Hlóriði=heros können natürlich nicht hieher gezogen werden, da in solchen fällen Týr und Þórr nur allgemein als 'gott' stehen und in denselben fällen auch Baldr, Njǫrðr, Freyr, Ullr verwendet werden, ohne dass ihnen deshalb ein kriegercharakter zuzusprechen ist]. Þórr ist überhaupt niemals kriegsgott gewesen. Die strophen, die Mannhard germ. myth. 227 zum erweise heranzieht, sind falsch interpretiert. áðr veg jǫtna vitni valfalls of sjó allan geira garðs Hlóriði farði heisst einfach: che der held [geira garðs Hlóriði] das schiff [vitni jǫtna valfalls = den wolf des meeres] über die see hinführte. [Einarr Sklgl. Fms. E. 1 91₂]. Und in der zweiten angeführten strophe: [Þorbjǫrn dísarskald: Sn. 1 256₃] Þórr hefir Yggs með árum Asgarð af þrek varðan ist nicht Þórr an der spitze der einherier [Yggs ærir] gemeint, sondern Yggs ærir sind die Asen und Þórr tritt hier wider als schützer der Asen, des himmels auf.

Die kenningar, die sich allgemein auf Oðinn als dichtungsgott beziehn, sind in der anmerk. zu s. 230 mitgeteilt worden, es mögen hier noch diejenigen folgen, die Oðinn nicht nur als besitzer, sondern sogar als urheber der poesie bezeichnen.

Gauts gjǫf=poesis, Bragi Sn. E. 1 466₂; Grimnis gjǫf: Ulfr. Ugg. Sn. E. 1 250₄, Rǫgnis verk: Einarr Sklgl. Sn. E. 1 248₃, As freys gjǫf: Refr. Sn. E. 1 414₂.

Oðinscult verbundenen Valhollcult widerholen. Eine einwanderung des Valhollglaubens aus dem süden anzunehmen ist nicht gestattet, weil unter den süd- [westgermanischen] stämmen dieser glaube gar nicht nachweisbar ist. Leider sind ja unsere quellen für die mythologie der im engeren sinne deutschen völker sehr spärlich. Aber sie sind doch genügend, andere culte nachzuweisen. Sollte es blosser zufall sein, dass gerade von dem Valhollglauben keine spur übrig geblieben? Caesar weiss nichts von diesem glauben, sonst würde er bell. gall. VI cap. XIV ff., in denen er von dem glauben der Gallier an eine seelenwanderung spricht, nicht schweigend über einen ähnlichen glauben bei den Germanen hinweggehn, da ja seine absicht ist, sitten und glauben dieser beiden völker einander gegenüber zu stellen.[1]) Ebensowenig Tacitus. Sonst könnte er nicht Germania cap. XXVII als grund, weshalb die Germanen keine denkmäler auf die gräber setzten, angeben, weil diese zu schwer auf den gestorbenen lasteten. Und ebensowenig darf man aus cap. XII die nachricht von den verschiedenen todesarten der verbrecher mit dem Valhollglauben — wie es üblich ist — in verbindung bringen. Dass überläufer, verräter und kriegsgefangene [im norden siehe anm.] an bäumen aufgeknüpft wurden, war nicht etwa eine gefälligkeit, um ihnen den eintritt in Valholl zu ermöglichen, sondern sie wurden eben dem kriegsgotte geopfert[2]) [Tacitus annalen XIII, 57: quia victores (Hermunduri) diversam aciem Marti ac Mercurio sacravere, quo voto equi, viri, cuncta

---

[1]) Freilich scheint Cäsar gerade über die sitten der Germanen nur oberflächlich unterrichtet gewesen zu sein.

[2]) Im norden mag auch ursprünglich der mythus vom galgengott aus dieser opferung entsprungen sein, wenn er sich auch später — so in der rätselhaften Hávámálstrophe 137 — mystisch fortentwickelt zu haben scheint. Stellen wie:
      Fas II 26$_1$: Ek sé hanga á háfum galga
            son þinn kona! seldan O'ðni
d. h. 'dem Oðinn geopfert', und Fas. III 34 da könig Vikarr gehängt wird: þá stakk Starkaðr sprotanum á konungi ok mælti: nú gef ek þik O'ðni — solche stellen zeigen deutlich den ausgangspunkt des mythus.

Oðinn wird genannt: galga farmr [Eyvindr Sn. E. I 248$_2$], Hangi [Tindr Sn. E. I 422$_3$, Fms. I 173$_1$, XI 137 anm. Isls. I 210 anm. Þorkell Gisls. Fms. I 175$_1$,] Hangatýr [Vigaglúmr Sn. E. I 232$_3$,] Hangaguð [Hávarðr halti Sn. E. I 332$_2$,] Hangatýr [Einarr Gilss. Biskup. Sog. II

viva occidioni dantur.] Das versenken in den sumpf war eben strafe für besonderes niedere verbrechen. [vgl. Guðrúnarkviða III 10].

Auch was spätere schriftsteller erzählen, kann nur den alten, indogermanischen glauben an ein fortleben nach dem tode unter der erde, im totenreich, nicht aber ein himmlisches kriegerparadies erweisen. Die 2 stellen aus Ammianus Marcellinus und Valerius Maximus, die Edzardi in seinen vorlesungen über deutsche mythologie geltend machte, sagen weiter gar nichts, als dass bei Alanen und Cimbern schlachttod für ehrenvoll, betttod für schimpflich angesehen wurde. Bei einem kriegerischen volke eine sehr natürliche anschauung. Amm. Marc. ed. Eysenhardt XXXI 2, 22: von den 'Halani': utque hominibus quietis et placidis otium est voluptabile, ita illos pericula juvant et bella. judicatur ibi beatus, qui in proelio profuderit animam, senescentes enim et fortuitis mortibus mundo digressos ut degeneres et ignavos conviciis atrocibus insectantur . . . . . Aehnlich Val. Max. Memorabilia lib. II cap. VI § 11: von den Cimbern: . . . qui in acie gaudio exultabant, tamquam gloriose et feliciter vita excessuri, lamentabantur in morbo, quasi turpiter et miserabiliter perituri . . . . Ueberall also nur von ehre und unehre, nirgends von der verschiedenheit des von der verschiedenen art des todes abhängigen weiteren lebens die rede. Und wenn die zum erweise des Valhǫllglaubens so oft angeführte stelle bei Widukind res gestae Saxonum I 23 erzählt, es seien so viele Franken gefallen ut a mimis declamaretur, ubi tantus ille infernus esset, qui tantam multitudinem caesorum capere posset, so kann unmöglich vom himmlischen, glänzenden Valhǫll der infernus die interpretatio romana sein, sondern gewiss vom weiten, allgemeinen toten-Helreich. Einige cap. vorher [I, 11] hält der alte Hathagat, der sich auf die sitten der vorfahren stützt, vor einer schlacht eine längere rede. Keine spur von Valhǫllglauben darin. Er will lieber mit den freunden untergehn als sich ergeben.

83₆.] Galgavaldr [Landn. b. Isls. I 307,] heimþingaðr hanga [Isls. II 353] Eine siebenbürgische sage erzählt von einem schneeweissen riesen, der sich auf 'Wōden' zu beziehn scheint, mit einem galgen im wappen. [Fr. W. Schuster im archiv f. siebenb. landeskunde IX 270].

Freilich trägt diese rede sehr den phrasenhaften charakter der nac bildung römischer reden.

Die von Grimm myth.⁴ 689 f. angeführten goldenen paläste sind sämmtlich nachbildungen des apokalyptischen neuen Jerusalems, was wol nicht breiter ausgeführt zu werden braucht. Das 'guldin hûs' des 'Spervogel' steht mitten unter den christlichen sprüchen, entgegengesetzt dem wirt der hölle· Das goldene Jerusalem wird im gleichnamigen gedichte in Diemers altd. gedichten allegorisch ausgelegt, ebenso im gedicht vom himilrîche zs. fda. VIII, 146 ff. Die palatinæ sedes cœlorum und die nivea aula bei Pertz II 571 u. 787 erweisen sich schon daraus ganz als christlich, dass der spiritus des gestorbenen hinaufsteigt.

Ueber das goldene haus, das dem Radbot versprochen wird [deutsche sagen Nr. 452] und das offenbar auch ein abbild des apokalyptischen Jerusalem ist, s. s. 268. Grimm myth.⁴ 682 weist auf die sage vom riesen Einheer [d. s. Nr. 18] hin, um auch für Deutschland das vorhandensein der einherier und damit Valhǫlls zu bezeugen. Er gibt aber selbst zu, dass dieser name eine zusammenziehung aus Eginheri sein könne.

Und schliesslich der hauptbeweis gegen den Valhǫllglauben in Deutschland scheint mir der umstand zu sein, dass die Sigurðssage, die doch vom Rhein stammt, Valhǫll nicht kennt Und am Rhein ward ja Wuotan am meisten verehrt. Wenn also irgendwo, so musste in der stammsage der hier wohnenden völker jener glaube ausdruck finden, es durfte nicht Siegfried zur Hel und ebendahin auch Brunnhilde geschickt werden. ¹)

---

¹) Das frühe vorkommen der valkyrjen wie im angelsächs., so in den Merseburger zaubersprüchen beweist keineswegs das vorhandensein der Valhǫllvorstellungen. Ehe noch diese letzteren sich ausbildeten, hatten jene amazonen im volksglauben durch vermischung mit schwanfrauen und nornen einen halbgöttlichen charakter angenommen. Wenn im ags. Corpus Christi Glossar [8. jahrh.] Erinnys = walcyrge erscheint [Wright-Wülcker I, 19 u. 25] und im Merseburger spruche bekanntlich die idisi in 3 gruppen geteilt werden, so zeigt sich die verbindung von amazonen und nornen deutlich. [Vgl. auch einleitung zur Vǫlundarkviða: .... konur þrjár, ok spunnu lín; þar váru hjá þeim álptarhamir þeirra : þat váru valkyrjur. Also nornen und schwanenfrauen. Von einer beziehung zu Valhǫll ist in der ganzen erzählung von diesen 3 valkyrjen nichts zu finden]. Eine spätere entwicklungsstufe ist dann

Aus Deutschland also kann der Valhǫllglaube nicht nach dem norden gekommen sein.[1]) Statt aber nun weiter bei Kelten oder Angelsachsen nachzuforschen, ob nicht von hier die entlehnung erfolgt sein könne, dürfte es wol richtiger sein, überhaupt fürs erste die entlehnungsfrage ausser acht zu lassen und zu fragen, ob nicht eher eine entwicklung des genannten glaubens aus den nordischen verhältnissen heraus und im norden selbst wahrscheinlich gemacht werden könne.

Urgermanisch, ja indogermanisch ist der glaube an ein unterirdisches totenreich. Auch im norden hat er nicht gefehlt. Wie in den mythen von Þórs fahrt nach Geirrǫðsgarð, von Hermóðs fahrt zur Hel, so tritt dieses reich auch in Saxos erzählung von Thorkillus und Hundingus deutlich hervor. Es ist durch eine sehr hohe mauer, durch einen reissenden strom von der oberwelt abgeschieden. Dunkle wälder führen hin. [Grimm. myth.⁴ 667 ff., vgl. auch Schuster a. a. o. 267]. Die nahe beziehung dieses totenstromes und des totengitters zu dem Valglaumnir und der Valgrind im Valhǫllglauben wurde schon s. 227 f. betont. Dass wirklich beide ströme und gitter identisch, oder besser, dass der Valhǫllstrom sich aus dem Helstrom entwickelt, dieser letztere die ältere vorstellung sei, ergibt sich aus der art und weise der übernahme dieser vorstellungen in die finnische mythologie.

A. Castrén hat in seinen vorlesungen über finnische mythologie [übersetzt von A. Schiefner, St. Petersburg 1853] p. 126 ff. betont, dass in den finnischen vorstellungen vom leben nach dem tode zwei gruppen zu unterscheiden seien; einmal die ursprünglichen, allen verwanten völkern angehörigen, von

---

der eintritt dieser amazonen-nornen in den Valhǫllvorstellungskreis. Vgl. weiter unten.

[1]) Als stütze für die vorgetragene ansicht mag auch bemerkt werden, dass die siebenbürgisch-sächsischen [mittelfränkischen] sagen und märchen, die den Wôdenmythus verhältnissmässig sehr rein erhalten haben achtfüssiges ross, galgengott, Hliðskjálf — [vgl. die abhandlungen von F. W. Schuster: Wôden: Mühlbächer Gymn. Progr. 1856. Deutsche mythen aus sieb.-sächs. quellen. Archiv d. vereins f. sieb. landeskunde IX, 236 ff.] keine spur von Valhǫll aufweisen. Ueber die von Müller: sieb. sagen, anmerk. zu Nr. 57 und von F. W. Schuster, Archiv IX, 264 hierhergezogene sage s. weiter unten.

einem schattenleben im grabe oder auf der erde, dann die anderen von einem bestimmten unterirdischen totenreiche. Die letzteren vorstellungen, die sich nur bei Finnen, Lappen und einigen Tartarenstämmen fänden, seien fremd, entliehen und zwar dem lateinischen orcus nachgebildet. [Aehnlich Dr. Szinnyei József: az ezer tó országa 'reich der tausend seen' 58 f.] Eine nachprüfung der quellen — soweit es meine noch geringe bewandertheit in finnischer literatur und sprache erlaubte und es die noch sehr unzureichenden vorarbeiten möglich machten — hat zu demselben resultate geführt. Nur ist — wie sich gleich zeigen wird — nicht der lateinische orcus, sondern die skandinavische Hel als ausgangspunkt für die entlehnung anzusehen. Weder bei Barna Ferdinand [a mordvaiak pogány istenei és ünnepei szertartásai 'heidnische götter und festculte der Mordwinen', abhandlungen der k. ung. Akad. d. W. VIII] noch bei Dr. Genetz Arvid [orosz-lapp utazásomból 'aus meiner russisch-lappischen reise' ebenda], der 16 götter der Lappen aufzählt, ist etwas von einem totengotte oder einem totenreiche zu finden. Es scheinen sich also die von Castrén gemeinten lappischen vorstellungen allein auf die skandinavischen Lappen zu beziehn. Das von Castrén [s. 148] als quelle benutzte tartarische märchen jedoch zeigt augenscheinlich seine verwantschaft mit den christlich-abendländischen vorstellungen. Im totenreich leiden die menschen strafen, die in engster beziehung zu ihrem vergehn stehn. Frauen, die im leben milch mit wasser 'getauft' haben, giessen fort und fort aus einem krug in den andern. Frauen, die steine in die butter getan, tragen steine am halse, garnunterschläger müssen einen knäul garn hinunterschlucken u. s. w. Man vergl. dazu die schilderung in dem halbchristlichen Sólarljóð str. 57 ff. Das totenreich bei den Finnen scheint also in der tat bei den verwanten völkern keine entsprechung zu haben und wir haben ein recht, falls es dieselben züge trägt, als die skandinavische Hel, eine überführung dieser vorstellungen von den skandinavischen zu den finnisch-lappischen völkern anzunehmen.

Von dem das totenland absperrenden gitter, sowie vom totenflusse der finnischen mythologie war schon s. 228 f. die rede. Die tochter des totengottes führt auf ihrem boote die toten hinüber. Kalevala XVI, 278. [vgl. die Móðguðr in der

Hermóðssage Gylfag. cap. XLIX und vielleicht hat auch Gjálp, Geirroðs tochter ursprünglich diese wächterrolle gehabt, ehe die obscöne ausschmückung hinzugedichtet wurde. Skáldskaparm. cap. XVIII.] Alle toten kommen nach Manala [land des Mana, totenland], ebenso die durch krankheit getöteten, wie die, welche eisen, wasser, flamme hingebracht. Kalevala XVI 160 ff. Väinämöinen, der lebend, um sich zaubersprüche zu holen, in die unterwelt gestiegen ist, will von den vorgesetzten speisen nichts essen. Würmer und frösche sind im bierkruge. Kalev. XVI 290. Und ebenso erhält Lemminkainen in Pohjola bier in einem gefässe, auf dessen boden schlangen, an dessen rändern würmer kriechen. Kalevala XXVII. Man vergl. damit die schilderung des totenreiches bei Saxo s. 425 f.

Die finnischen vorstellungen vom totenreiche gleichen also in ihren grundzügen den skandinavischen von Hel.[1]) Sehen wir nun, dass in den finnischen mythen noch züge an den unterweltsglauben geknüpft, die im nordischen mit dem Valhǫllglauben verbunden sind, [fisch im totenflusse, wasserwirbel], sehn wir ferner, dass der finnische unterweltsglaube keinen unterschied zwischen waffen- und krankheitstoten macht, so können wir wol mit recht schliessen, dass zur zeit der überführung des glaubens, derselbe auch in Skandinavien dieselbe gestalt gehabt, und dass erst später züge des unterweltsglaubens sich losgelöst und mit anderen elementen sich zum Valhǫllglauben verbunden haben.[2])

[1]) Bemerkt mag noch werden, dass, ebenfalls germanischen vorstellungen entsprechend, im finnischen das totenreich auch als insel gedacht wird, ['kumpu', eigentlich 'schlammhaufe', 'kleine insel', wol aus dem altn. entlehnt und die richtigkeit von Hildebrands ausführungen D. Wb. s. v. 'kummer' bestätigend].

[2]) Wie für die deutsche sprachwissenschaft die im finnischen eingekapselten germanischen lehnwörter von grosser bedeutung sind, so dürfte vielleicht auch für die germanische mythologie eine eingehende untersuchung der finnischen mythen von grossem nutzen sein. Den vielfachen verkehr der Germanen mit den Finnen beweisen die vielen von Thomsen gesammelten und besprochenen germanischen und vorzüglich skandinavischen lehnwörter der finnischen sprache. Wie worte und begriffe können auch mythen leicht hinübergewandert sein. Eingehendere untersuchungen mir vorbehaltend, erwähne ich nur, dass der lichtstrahlende Lemminkainen in manchen zügen an Balder erinnert. Lemminkainen, der schöne, muntere genannt, geht, nachdem ihm seine erste

Valglaumnir und Valgrind stammen also aus dem
unterweltsglauben.

Eine zweite gruppe von vorstellungen, die sich aus dem
complex der Valhollvorstellungen ausscheiden und auf ältere
quellen zurückführen lassen, sind die vorstellungen von Oðinn
als führer und herr der einherier, vom ewigen kampf dieser
letzteren, von eber und ziege. Nach Vafþr. 41 erschlagen sich
die einherier jeden tag, stehen aber, wie die Gylfag. er-
klärend hinzufügt, immer wider lebendig auf, und reiten vergnügt nach Valholl zurück. Da nun die bekannten sagen von
der wilden jagd und vom wilden heer ähnliche züge zeigen,
hat man allgemein in ihnen nachklänge dieser kämpfenden
einherier gesehen. Es lässt sich jedoch leicht zeigen, dass
sich die sache gerade umgekehrt verhält.

Zunächst ist zwischen den sagen vom kämpfenden heere,
wie sie vorzüglich durch die erzählung in der Hildesage [der
kampf auf dem Wülpensande] und durch den bericht von Hadingus' besuch in dem totenland Saxo 51 ff. repräsentiert werden, und dem einherierkampfe doch ein grosser unterschied.
Jenes ist wirklicher, blutiger kampf, dieses ist kampfspiel,
vergnügen. Sollten beide, von einander unabhängige sagen
auf gleiche weise das motiv der einheriersage geändert haben?
Es kann keine frage sein, was ursprünglicher sei, das kampfspiel oder der wirkliche kampf. Der alte Germane kennt kein
kampfspiel — ausser etwa, wenn jünglinge zum vergnügen der

---

frau untreu geworden, eine zweite zu suchen. Auf seinem wege zaubert
er angreifende feinde zur unterwelt. Nur den blinden Nasshut [Märkä-
hattu], dessen unerklärbarer name recht gut eine volksetymologische
umbildung eines myrkr Hǫðr sein könnte, verschont er, weil dieser ihm
zu elend an gestalt, und zu boshaft dünkt. Darüber erzürnt, lauert ihm
Märkähattu am grenzflusse von Pohjola auf und stösst ihm eine als
rohr aus dem wasser aufsteigende schlange ins herz. Kalevala XII 499
ff. XIV. Die motivierung ist nicht recht klar. Beide, Lemminkainen und
Märkähattu sind wol ursprünglich aufeinander eifersüchtige freier gewesen, also näher an Saxos erzählung von Balderus und Hotherus als
an den eddischen Baldermythus erinnernd. Dass aber auch in der Eddamythologie ursprünglich der mythus eine andere gestalt gehabt haben
muss, beweist Valis rache au Hǫðr [Vǫluspá 34. Vegt. kv. 11. Hyndluljóð 29], die zur eddischen gestalt des mythus absolut nicht passt.

schmausenden geschmeidige waffentänze aufführen. Ein waffenturnier, als vergnügen der dabei beteiligten, ist ihm fremd. Wenn er kämpft, so ists ihm ernst, so geht's auf leben und tod. Leicht erklärlich jedoch und berechtigt erscheint die sage vom wirklichen kampfe. So gross ist der hass und die kriegswut, dass einzelne kämpfer oder ganze heere noch über den tod hinaus gegeneinander wüten: züge die, einer natürlichen anschauung entstammend, in allen entwickelteren mythologien sich widerholen.

Wie der kampf im allgemeinen, so zeugt auch die nähere bestimmung der ewigen dauer des kampfes für die ursprünglichkeit der Hildesage gegenüber dem einherierglauben. [Saxos erzählung hat hier keine bestimmten züge]. Hilde, zwischen vater und geliebten gestellt, weckt die toten immer wider auf. Am tage ruht der kampf, aber in der nacht bricht der geisterspuk wider los. Und so gehts bis zur götterdämmerung. Einen ähnlichen gedanken setzt auch die angezogene Vafþr.-strophe voraus. Wenn die einherier hǫggvaz, und wie Gylfag. cap. XLI erklärt hverr annan fellir und sie doch vergnügt zurückreiten können, so müssen sie auch immer wider vom [zweiten] tode auferstehn. Das aber ist widersinnig, — kann nicht glaube gewesen sein und da wir weder in den Eiriks- noch in den Hákonarmál, noch auch in den skaldenkenningar eine anspielung auf diesen einherierkampf finden, so bin ich geneigt ihn gar nicht als zum Valhǫllglauben gehörig, sondern als erfindung des Grímnismáldichters anzusehen. Er war ein gelehrter mythologe, wollte den einheriern etwas zu tun geben und übertrug auf sie züge aus sagen, die ihm offenbar geläufig waren.

Ebenso halte ich auch die einführung des ebers Sæhrímnir, des kochs Andhrímnir und des kessels Eldhrímnir für zutaten des Grímnismáldichters. Auch für diese vorstellungen bieten weder die beiden skaldischen Valhǫlllieder noch die kenningar andeutungen. Was mich aber am meisten zu dieser annahme bestimmt, ist die künstliche art, auf welche der eber in diese illustre gesellschaft gekommen zu sein scheint. Wir sahen, dass der einherermythus in enger beziehung zur sage vom wilden heere stehe. Das wilde heer aber berührt sich sehr nahe mit dem mythus vom wilden jäger, wenn auch, wie Simrock myth.[3] 189 mit recht betont, beide vorstellungen streng geschieden werden müssen. Im Norden finden wir beide. [Mannhard: Baumkulte I, 138 über Oðens jagd]. Der eber nun gehört der wilden jagd an. Er ist gewöhnlich die jagdbeute. [Simrock myth.[3] 196, Müller-Schambach niederd. sagen 70. 71. Richard v. Muth: Wiener Sitzungsber. LXXXV phil. hist. 276. Aus dem Norden freilich kenne ich keinen beleg]. Ein natürlich sich entwickelnder glaube kann nun das wilde heer statt des wilden jagdzuges setzen, oder umgekehrt, kann aber nicht, ohne dass naheliegende gründe vorhanden wären, einzelne züge ganz unpassend von einem vorstellungskreis auf den andern übertragen. Hier aber scheint das letztere der fall zu sein. Ich glaube, der Grímnismáldichter hat, um seinen einheriern vorsorglich auch speise zu verschaffen, den eber aus der verwanten sage der wilden jagd zum wilden heere herübergenommen. Die frage der Gylfag. 'was essen und was trinken die einherier' hat sich schon der dichter der Grímnismál vorgelegt und so weit es ging, mit herbeiziehung seiner gesammten mythologischen kenntnisse zu beantworten gesucht. Bemerkt man ferner, dass der name des ebers Sæhrímnir wol der vorstellung des sonnenebers entnommen ist [der 'seebetaute', 'bereifte', das bild der für den Norweger im meere untergehenden, für den Isländer auf- und untergehenden sonne], so sieht man gleich, dass hier späte mythologische gelehrsamkeit im spiele ist, die ähnliche mythische vorstellungen in einen gewissen zusammenhang zu bringen sich bemüht.

Andhrímnir und Eldhrímnir sind leicht als willkürliche, dem namen des ebers nachgebildete benennungen zu erkennen.

Sehn wir hier in diesen zügen überall gelehrte combination des Grímnismáldichters, so wird es erlaubt sein, auch die gaiss Heiðrún als eine solche zu bezeichnen, obwol ich nicht anzugeben vermag, woher sie genommen worden ist. In Eiríksmál 1 ist bier und wein das getränk der einherier; Hákonarmál 16 wird Hákon mit ǫl empfangen und in der einzelnen strophe [lex. myth. unter Vingolf] hofft der held vín mit den einheriern zu trinken. Also überall nur gewöhnliche gemeine getränke. Nichts von dem wunderbaren Heiðrúntranke.

Heiðrún muss einem urgermanischen mythus angehört haben wegen fränk. Chaiderûna [Müllenhoff Runenlehre 46].

Betrachten wir aber die besprochenen züge als zusätze des Grimnismáldichters, dem dann die Gylf. gefolgt ist, so bleibt von der herausgehobenen gruppe aus dem Valhǫllglauben für den eigentlichen glauben nur noch Oðinn mit seinen raben und wölfen als vorsitzender der zechenden einherierschaar übrig. Dieser kern des Valhǫllglaubens aber stammt — so meine ich — aus dem mythus vom bergentrückten sonnengotte. Oðinn schläft im winter im berge, Oðinn aber ist zugleich kriegsgott, und als solcher undenkbar ohne ein stattliches gefolge. So tritt Oðinn mit seiner schaar in enge berührung mit dem unterweltsreiche. Seine function als totengott [vgl. Oðinn als fährmann in Sinfjǫtlalok, auch die interpretatio romana 'Mercurius' ist wol zum teil auf die eigenschaft beider als todesgötter zu beziehn] erleichterte diese beziehung. Es wird nicht allzugewagt sein zu behaupten, dass mit dem aufblühn der Oðinsverehrung unter dem kriegergeschlechte die hoffnung aufkam, statt in Hel dort in der gefolgschaft Oðins nach dem tode fortzuleben.

Dass in der tat im Norden zu einer zeit Oðinn begleitet von einer gefolgschaft toter helden gedacht worden ist, zeigen einige vereinzelte, wenn auch späte nachrichten. Svegdir geht aus, Guðheim und Oðinn zu suchen. Ein zwerg lockt ihn in eine felswand, die sich öffnet und hinter ihm sich schliesst. Der berg wird hier 'der glänzende saal Sǫkmímis' genannt. Heimskrgl. 13 aus Þjóðolfs Ynglingatal. [Zu Sǫkmímis saal vergleiche man die unter dem wasser gedachte Oðinsburg Sǫkkvabekkr Grimn. 7]. Durch die paralelle mit der Laurinsage Tyrols erweist sich für diesen sagenzug ein sehr hohes alter. Entlehnung ist wol nicht anzunehmen. In der Eyrbyggja cap. XI wird erzählt, dass aus einem berge hörnerschall und jubel herausgeklungen habe. Þórsteinn und seine genossen wurden mit jauchzen empfangen und ihnen von den im berge jubelnden der ehrensitz angewiesen. Nächsten morgen aber erhielten die, welche das alles gehört und gesehen hatten, die nachricht von Þórsteins tode.[1]) Hierher ist zu rechnen die

---

[1]) An Oðins stelle ist einigemale Þórr getreten. Die beispiele bei Mannhard germ. myth. 240. Was aber hier s. 162. 240 und von W.

schwurformel in der Atlakviða 31: at Sigtýs bergi, das heisst:
beim berge, in dem Oðinn wohnt. Egilssons arx Oðini=Valhǫll
ist unberechtigt, denn berg ist berg und nicht burg. Vielleicht zeigt uns diese stufe des glaubens auch noch die oben
s. 242 angeführte stelle Saxos, in welcher den in der Bravalla-
schlacht gefallenen sitze in der unterwelt bei dem vorsitzenden
des orcus, bei Pluto, angewiesen werden. Eine parallelerzählung in Deutschland erweist auch für diese stufe des glaubens
noch urgermanischen ursprung. Im chron. ursbergense ad a.
1223 [Pertz VIII, 261] im pago wormaciensi wird eine schaar
bewaffneter männer gesehn. circa nonam horam gehn sie in
den berg zurück. 'non sumus phantasmata, sed animae militum interfectorum. [Bei Grimm, myth.⁴ 794. f.]
  Raben und wölfe gehören Oðinn als schlachtherrn an.
Der ruhm eines tapferen kriegers war es, wenn raben und
wölfe durch ihn gesättigt wurden. Helgakv. Hund. I, 6. 36.
Reginsmál 26. Insoweit könnte es leicht erklärlich sein, dass
auch sie in den Valhǫllbegriff aufgenommen wurden. In der
form aber, in welcher die raben im Valhǫllglauben der Grímnismál auftreten, gehören sie wol einem anderen vorstellungskreise an und es sind nur die raben des kriegsgottes Oðinn,
mit den raben des weisheitsgottes Oðinn zusammengeworfen
worden. Huginn und Muninn, gedanke und erinnerung, die
Oðinn täglich kunde von der welt bringen, gehören nicht nach
Valhǫll, sondern sie gehören dem Oðinn an, der aus Hliðskjálf die ganze welt übersieht. Nur der Grímnismáldichter
hat wider diese gelehrte combination zu stande gebracht.
Auch die skaldenkenningar zeigen, dass der rabe in engerer
verbindung mit Oðinn stand, als wie der einfache Valhǫllglaube
sie erklärt. Es muss ausserdem noch einen besonderen rabenmythus gegeben haben. [1])

Müller: altd. religion s. 247 aus diesem bergaufenthalte der toten geschlossen worden ist, nämlich die theorie des wolkenaufenthaltes, ist
sicher unberechtigt. Himinfjǫll, himinbjǫrg sind kenningar, sagen
nicht, dass alle felsen und berge als wolken zu verstehn sind.
  [1]) Hrafnásar vinr=Loki: Þjóðolfr Sn. E. I 308$_2$. Farmatýs svanr
= corvus: Eyvindr Sn. E. I 232$_5$; Jalfaðar svanr = corvus: Guþormr:
sindri Fms. I 27, Hrafns freistaðar mǫgr = Baldr: Ulfr Ugg. Sn.
E. I 240$_3$. Hanga svanr = corvus: Þorkell Gisl. Fms. I 175, Hrafnblótr = Oðinn: Hallfreðr Fms. II 53$_2$. Hnikars gjóðr = corvus

Im gefolge des kriegsgottes sind auch die valkyrjen nach Valholl gekommen und hier beginnt nun die speciell nordische entwicklung. Sie sind kämpferinnen. Damals floss wol die erinnerung an solche mannweiber reichlicher, als wie wir sie jetzt den kargen nachrichten entnehmen können. Später mit den nornen und schwanfrauen zusammengeworfen, waren sie schon etwas über das menschliche hinausgerückt worden. So ist ihr eintritt in den Valhollbegriff leicht erklärlich. Nur solche schon halb göttliche heldenjungfrauen waren würdig in Valholl den einheriern met zu schenken [vgl. oben s. 224 f. 234. 257.]

Wir finden also als kern des Valhollglaubens: Oðinn mit raben und wölfen im berge, umgeben von der gefolgschaar der einherier. Auch die valkyrjen gehören schon dieser gefolgschaar an.

So aber berührt sich Oðins bergaufenthalt nahe mit Hels behausung und es ist erklärlich, dass züge dieser letzteren, der fluss und das gitter, auch auf Oðins halle übertragen werden, wo nicht — wie es meine meinung ist — vielleicht auch Valgrind und Valglaumnir erst vom Grímnismáldichter dem Valhollbilde eingefügt sind. War ein solcher undurchschreitbarer strom, ein undurchdringbares gitter im Valhollglauben, so musste in den schilderungen von Hákons und Eiríks einzug unfehlbar davon die rede sein. Es wird aber nichts erwähnt. In den erzählungen von den Helfahrten wird die überwindung dieser hindernisse nie zu erwähnen unterlassen.

Nun aber, woher die dritte vorstellungsgruppe? Woher die goldne halle, die 540 tore, der baum oder hain vor der halle?

--
Olafr konungr. Haraldss. Fms. V 227$_3$ [Fms. XI 197 anm.] Yggs gagl = corvus: Gizurr svarti Sn. E. I 512$_2$. Muninn=corvus: Þórðr Sjárekss. Fms. 146$_2$ [Fgrsk. 25$_3$]. Yggs gjóðr = corvus: Sighvatr. Fms. IV 101, Fgrsk. 76$_2$. Yggs svanr = corvus: Þorarinn stuttf. Fm s. VI 92$_2$. Huginn = corvus: Einarr Skul. Sn. E. I 48$_{3,1}$. Muninn = corvus: drápa Ingakonungs Fms. VI 350. Forna gjóðr, Huginn, Muninn = corvus: Eyrbyggja cap. XVII$_1$, XIX$_1$, XIX$_2$, Tveggja rjúpkeri, Gauts gaukr = corvus: Gisla Súrs s. 68, 89. [Die namen Muninn und Huginn treten hiernach erst im XI. jahrhundert auf, könnten also wol direct auf den Grímnismál beruhn]. Freki und Geri werden nur wenig und spät erwähnt, und stehen dann immer allgemein für 'wolf'. Freki: Sn. E. I 476$_1$, 480$_1$. Geri: Olafs s. Tryggvas. cap. 130$_1$, Sn. E. I 480$_1$, 476$_3$. Fas. 301$_1$. Merlíns spá 1 35 [nach Egilsson].

Wie ward das unterirdische Valhǫll in den himmel[1]) versetzt?
Ich behaupte, — obwol nach der begeisterten aufnahme, die
Müllenhoffs in entgegengesetzter richtung sich bewegenden
ausführungen der D. A. V gefunden haben, eine solche behauptung ein wagniss ist — keck und kühn: diese vorstellungen
sind aus dem christentum, aus der apokalypse des Johannes
geflossen.

Cap. XXI$_{10}$ ff. der apokalypse[2]) schildert das neue, himmlische Jerusalem. Es ist aus lauterem golde, mit edelsteinen
besetzt, hat je 3 tore nach allen 4 richtungen hin. In der
stadt fliesst der strom des lebendigen wassers und steht der
baum, oder die bäume des lebens. Es mag etwas abenteuerlich klingen, aber unmöglich ist es nicht, dass auch die rätselhaften 540 tore Valhǫlls ihre zahl, die zu erklären bis jetzt
nicht einmal der versuch gemacht worden ist, einem missverständnis der hundert und vier und vierzig [verstanden als einhundert und 4 (hundert) und 40] ellen, welche die länge der
stadtmauer ausmachen, verdanken. [Apok. XXI$_{17}$: et mensus
est murum ejus centum quadraginta quatuor cubitorum. Ist
etwa cubitorum irgendwie mit cubiculorum in verbindung gebracht worden und sind daraus die 540 gólf Valhǫlls (Grímn.
24 vgl. Excurs) entstanden, welche dann die 540 tore nach
sich zogen?]

Man braucht zur erklärung einer solchen übernahme christlicher ideen weder die vermittlung angelsächsischer mönche,
noch gelehrte studien der vikinger selbst anzunehmen. Auf
ihren streifzügen nach dem süden, seit dem ende des VIII.
jahrhunderts [K. Maurer Zs. fdph. II 440 ff.], sind die letzteren
gewiss auch mit christen zusammengetroffen und wenn bekanntlich schon unter den ersten besiedlern Islands christen
waren, so muss auch in Norwegen schon die mission tätig gewesen sein. Gewiss aber hat bei diesen bekehrungsversuchen
der hinweis auf das jenseits eine grosse rolle gespielt und wie
sehr gerade das zukunftsbild der apokalypse beliebt war,

---

[1]) Denn hier ist Valhǫll zu denken und nicht etwa auf einem hohen
berg. [Vgl. Helgakv. Hund. II 48.]

[2]) Vgl. Schottgenius: dissertatio de Hierosolyma coelestina in den
Horæ hebraicæ I 1205 ff.

zeigt das fortleben dieser apokalyptischen vorstellungen in der deutschen poesie des frühen mittelalters. [Vgl. s. 257.][1]) Ich betone nochmals: nicht buchgelehrsamkeit, sondern mündliche berichte haben das bild vom himmlischen Jerusalem den vikingern entworfen und diese haben, was sie gehört, auf ihren eigenen glauben übertragen und ihr unterirdisches Valhöll zur goldnen himmelsburg gemacht. Es muss die frage aufgeworfen werden, ob eine solche aufnahme und einschmelzung fremder elemente zu den heimischen vorstellungen überhaupt möglich ist, ob eine auf solche art sich bildende neue vorstellung gegenstand des glaubens werden kann? Ich zweifle nicht daran. Es braucht nicht auf Griechen und Römer hingewiesen zu werden, die viele ihrer götter fremden völkern entlehnt haben, in der germanischen mythologie selbst haben wir dazu analoge beispiele. Die bezeichnung der wochentage nach einzelnen göttern ist doch erwiesenermassen römischen ursprungs und donnerstag und freitag nur übersetzung des dies Jovis und dies Veneris, und dennoch haben sich später culte der einheimischen götter an diese tage angeschlossen. [Vgl. z. b. Schuster archiv IX 407. 475].

Speciell für die verschmelzung dieser apokalyptischen vorstellungen mit einheimischen können noch zwei beispiele angeführt werden.

Dem Radbot wird vom teufel ein goldenes haus gezeigt, das er bewohnen soll, wenn er dem heidenglauben nicht abtrünnig wird. Eine strasse mit glattem marmor geziert führt hin, das haus glänzend wie gold, davor eine strasse mit gold und edelsteinen gepflastert und im haus ein tron von wunderbarer schönheit. [Deutsche sagen 452.] Das goldne Jerusalem mit dem throne gottes ist hier unverkennbar. Und doch zeigt der zusatz, das der teufel dieses alles verspricht, und dass vor des diaconus weihespruch der ganze spuk verschwindet, schon den übergang der christlichen Jerusalemvorstellung in

---

[1]) Auch wissenschaftliche beschäftigung mit der apok. ist aus dem frühen mittelalter nachzuweisen. Alcuin, Beda schreiben commentare darüber. Den commentar aus dem 7. jahrhundert, der einem Bérengaude zugeschrieben wird und in der Benedictiner ausgabe des St. Ambrosius als anhang zum II. volumen enthalten sein soll [Bossuet: L'apokalypse in den sämmtl. werken Paris 1875 s. 311] habe ich nicht gefunden.

heidnische hände. Es mögen wol die Friesen auch irgendwie aus dem goldenen Jerusalem ein heidnisches paradies gebildet haben, das der glaubenseifrige diaconus nicht mehr als ursprünglich christliches eigentum erkannte.

In einer siebenbürgischen sage [56 bei Fr. Müller] finden wir heidnische und christliche elemente eng verschmolzen. Ein totengräber wird in das totenreich geführt. Der lange unterirdische gang, die rasch zufallende türe sind heidnische Helvorstellungen. Im totenreich selbst aber sieht er den himmelspalast, die sitze und wohnungen der seligen, schöne landschaft, einen baum mit goldenen blättern. Diese letzten züge aber gehören dem apokalyptischen himmel an.

Eine ähnliche verschmelzung des christlichen himmels mit dem heidnischen totenreich bietet die geschichte Eiriks Víðf. [Flat. I, 30 ff. Fas. III, 66 ff.] Dunkle wälder, grenzfluss, schmale brücke, dann land voll blumenduft, süssem geruch; darin eine merkwürdige halle. [Ein aus der luft herabhängender helm]

Und schliesslich zeigt — trotz Müllenhoffs scharfer verteidigung des streng germanischen charakters — auch die Vǫluspá eine solche verschmelzung christlicher und heidnischer ideen, wie ich sie für den Valhǫllglauben anzunehmen geneigt bin. Auch hier wie dort erscheinen alte, einheimische vorstellungen durch neue, aus der fremde überkommene beeinflusst, umgestaltet. Eine solche annahme aber ist — meine ich — noch weit entfernt von Bugges oder Bangs theorien, wonach aus der verschmelzung missverstandener fremder erzählungen ganz neue mythen entstanden sein sollen.

Auf die Vǫluspá kann ich hier nicht weiter eingehn, muss aber doch andeuten, dass ich unter 'christlichem einfluss' durchaus nicht Bangs Sibyllentheorie verstehe. Wozu so weit hingehn, wozu aus den verschiedenen orakeln mühsam zusammensuchen, was in ihrer und — wie ich meine — in der Vǫluspá quelle so hübsch beisammen ist?

Man vergleiche zu Vǫluspá 59:

Sól tér sortna sígr fold í mar
hverfa af himni heiðar stjǫrnur;

Math. XXIV$_{29}$: Statim autem ... sol obscurabitur, et luna non dabit lumen suum et stellae cadent de caelo ...

Vǫluspá 67; þá komr inn riki at regindómi,
ǫflugr ofan, sá er ǫllu ræðr.
und Math. XXIV₃₀: et videbunt filium hominis venientem in nubibus caeli cum virtute multa et majestate [im anschluss an die oben angeführte stelle].
Der glänzende saal á Gimlé 'auf der edelsteinbalde' ist doch auch das goldene Jerusalem, dessen edelsteine dem mittelalter unerschöpflichen stoff zu deutungen gaben, und die dyggvar dróttir wohnen drin und geniessen wonne ihr leben lang, wie es in der apokalypse heisst, dass nur solche in jene stadt einziehn können, die geschrieben sind im lebensbuch des lammes und dass gott ihnen alle tränen aus den augen abwaschen wird und der tod nicht mehr sein wird, noch leid, noch geschrei noch schmerzen. [Vgl. in Spervogels spruch: dâ enkumt nieman în, ern sî vor allen sunden alsô reine].

Zugegeben, dass der glaube an den untergang der welt und an eine neuerstehung derselben ächt germanisch ist, zugegeben, dass dieser glaube auch einen neuen, mächtigen gott forderte [wiewol, nachdem ja die alten götter in ihren verjüngungen wider geboren werden, dazu keine not war], so zeigen doch die angeführten parallelstellen, dass wenigstens auf unsre vorliegende fassung der Vǫluspá christliche lehren einfluss geübt haben.

Ist aber nun in der tat der Valhǫllglaube nur ein product der vikingerzeit [s. 250], so ist es nicht zu verwundern, dass er niemals tiefe wurzeln geschlagen hat. Die widersprüche, oft das fehlen des glaubens in sagas, bei skalden, die ihrer zeit nach ihn schon kennen sollten, zeigen zur genüge, wie wenig tief diese wurzeln waren. Mit dem schwinden der skaldenzeit hören auch die spuren des Valhǫllglaubens überhaupt auf, und während noch heute im volksmund das formelwort drepa í hjáll gilt, ist Valhǫll vergessen. Die nachrichten aber, dass oft mit den helden auch ihre waffen und pferde begraben wurden, beweisen keinesfalls eine grosse verbreitung des glaubens. [Schon bei Tacitus Germania cap. XXVII]. Es ist das nur ein act der pietät, jedem das mit zu geben, was ihm im leben das liebste war. So finden wir waffen im grabe bei amerikanischen völkern, bei denen von einem Valhǫllglauben keine spur ist. Nicht nur waffen, auch jagd- und handwerkszeug wurden dem nordischen toten mit ins grab gelegt — heute noch folgen ihm dorthin tabakspfeife und schnapsflasche. [Weinhold altn. leben 480 ff.] Die Sigrdrífumál 34, gibt keine anordnung den toten etwas ins grab mitzugeben. Doch tragen diese anordnungen, die sich auf die totenbestattung beziehn, stark christliches gepräge [ok biðja sœtan sofa]. Der heidnische held liess ohne gewissensbisse seinen erschlagenen gegner auf dem felde liegen, wölfen und raben zum frass. Ja das war sogar sein stolz.

Lebenslauf.

Ich J. Adolf Schullerus bin geboren am 7. märz 1864 in Fogaras in Siebenbürgen, als der älteste sohn des pfarrers dieser stadt G. A. Schullerus. Von meinem vater, später auf dem evang. gymnasium in Hermannstadt vorgebildet, bezog ich, nachdem ich mir im sommer 1882 das reifezeugniss erworben hatte, im herbst des genannten jahres die universität Bern, um mich theologischen und philosophischen studien zu widmen. Michaelis 1883 bis michaelis 1885 studierte ich in Leipzig, das folgende jahr an der universität in Budapest. Schon im winter 1884/85 gänzlich zur philosophischen fakultät übertretend, bewegte ich mich mit meinen studien hauptsächlich auf dem gebiete der deutschen philologie, im letzten jahre auch auf dem der ugrischen sprachwissenschaft.

Vorlesungen hörte ich bei den herren professoren und dozenten: v. Bahder, Biedermann, Curtius, Fricke, Gyulai, Heinrich, Hermann, Hidber, Hildebrand, Hirzel, Kahnis, Kassai, Kerékgjártó, Luthardt, Masius, Nippold, Schreiber, Steck, Szinnyei, Techmer, Tewrewk, Torma, Trächsel, Vetter, Wundt, Zarncke, Zeerleder.

Die cultur- und litterarhistorischen übungen besuchte ich bei den herren professoren Biedermann in Leipzig, Heinrich in Budapest, Hirzel in Bern, die nordischen bei Vetter in Bern, die finnischen bei Szinnyei in Budapest. Gleicherweise war ich zwei semester ordentliches mitglied des pädagogischen, sowie zwei semester ausserordentliches und zwei semester ordentliches mitglied des kgl. deutschen seminars in Leipzig.

Allen den genannten herren professoren, besonders aber den herren prof. Biedermann und Zarncke spreche ich auch hier den wärmsten dank für reiche förderung und freundliche unterstützung meiner studien aus.